吉福康郎 —— 著

以小搏大格鬥技全圖解

防身、健身、看懂比賽這本就夠用！

從虛弱體質到強大的心靈！

　　孩提時代的我是虛弱體質，對運動相當不拿手。當時很流行玩接球，但我控球力很差，球總是接得亂七八糟，所以沒有人要跟我玩。而且力氣也很小，沒有贏過腕力比賽的記憶。

　　因此從小很容易表露出退縮神情。這樣的我，雖然不是受到現今校園常見的恐怖霸凌，但卻常成為被嘲弄的「弱者」，常常被欺負後哭著跑回家。所以我在孩提時代，很崇拜電影裡的英雄，一直很想變「強」。一直到上了大學，從長期間的考試壓力中解放後，這個想法才開始付諸行動。

　　最先開始的是肌肉訓練，細瘦的我混入強壯的訓練者中，努力舉啞鈴，熱衷的程度讓朋友都驚訝不已。因為體質不佳，仰臥推舉70kg、蹲舉100kg已是界限，但至少成為充滿肌肉身體。

　　某次我嚐試讓人以竹刀打肩膀，發現了一件很有趣的事──如果用肌肉緊繃的力量讓竹刀反彈回去，肉體或是心理層面上，都不會造成損傷。在孩提時代，即使只是被輕輕的打一下，就身心受創哭出來的這回事，好像不曾發生過似的。**因為這個契機，退縮的心完全被釋放，產生了信心。**

　　接下來修習的是少林寺拳法。武術曾是我光看就很害怕而不敢靠近的世界，然而當時我卻試著大膽的跳進這個世界。但是，我天生身體很僵硬，腳踢不高，被後輩用關節技擒拿住時，又會痛得受不了。因為這樣，連黑帶都沒拿到，就離開了拳法的世界。

　　但是，**對拳打腳踢的恐懼變淡、面對強大的對手也不會避開目光後，我開始能集中精神面對其他的恐懼**，訓練出了能迎接挑

戰的心理姿態，這對於之後的人生，也有了很大的幫助。因此，肌肉訓練，讓我學習到身體的構造；藉由拳法，讓我了解武術的動作，這些對後來對我在生物力學上的研究，有很大的幫助。我深切的體認到——什麼都努力的去投入是很美好的事。

30幾歲後半，我開始熱衷於自行車公路賽。在某次車數多而且車速快的比賽中，因為被後面的參賽者追撞而跌倒了。賽後，那個人跑來抓著我的胸口說「剛剛你擋住我的路！」

如果是以前的我，一定會害怕到很驚慌，開始拼命地跟他扭打在一起。但是，當時的我相當冷靜。瞬間就識破對方雖然身材高大，卻是一個沒有武術經驗者。當時如果我用已經很精通的掌根打，以寸勁攻擊沒有防備的下巴，有一擊就倒的可能。但我選擇以有自信及從容的神情應對，這時對方的同伴才退讓說「這是比賽中的意外，誰都沒有錯。」於是圓滿結束了。

現在的我，還繼續練習武術，變得比當時更強了。這個「強」也是在面對人生任何困難都能冷靜應對、不和周圍對立，而能平和相處的「心靈的強」。請年輕的各位朋友謹記在心：鍛鍊身體，就是鍛鍊心靈，「心靈的強才是真正的強」。

吉福康郎

解開了「強的人為什麼很強」的祕密！

　　剛剛已經介紹過，我從小對運動很不拿手，更何況是格鬥技這種激烈的運動，完全不敢嘗試。但如今超過70歲的我，卻能用「看不見的直拳」打中格鬥技社團的主將級大學生。同樣的，我也能輕鬆的令柔道黑帶站穩後，失去重心而跌倒。這是就連我自己也無法相信的變化！

　　這是因為我解開了「很強的人為什麼會很強呢？如果能了解這個理由的話，自己也會變很強嗎？」的疑問，並以自己的身體來實踐解開的成果。

　　本書淺顯易懂的解說我的研究成果。對象不僅僅是有格鬥背景的人，就連不擅長運動的人，只要用本書所解說的科學性方法持續練習的話，一定不會讓你的汗水白流，而有長足的進步。

　　日本古代的名人，都會把他們珍貴的修業結果寫成「和歌」。我也試著將我依科學性的研究所解開的內容，用淺顯易懂的「歌謠口訣」來記述。

　　在第1章「打擊的科學」和第2章「擊‧拳擊的科學」、第3章「踢‧腳踢的科學」中，解說眾多打擊力的原理。例如「尖銳的」、「沉重的」衝擊力發生的原理，和為了要產生如此衝擊力，所必須搭配的合理身體動作。從讓拳頭碰觸到對手的技法，到一次可連踢兩下的技法，都為大家明白解說。

> 打頭要猛打身體要重　　區分使用打擊技
> 只靠手臂力量不夠力　　強拳要用腰來打
> 腳像從胸冒出來　　威力倍增迴旋踢

在第4章「抓、投摔的科學」和第5章「防禦的科學」中，解說各種拋摔投技或關節技的力學原理。解說面對體型勝過自己的對手，如何以打擊、踢、衝撞、抓，以及如何以最小的力量來防備、反擊，讓對手的力量無法施展的方法等等。

投摔要用3個迴轉軸　破勢、迴轉後摔跌
了解手臂的弱點　擒拿手腕能摔飛
不用力來承受擊踢撞　撥開避開再反擊

在第6章「訓練‧練習的科學」、第7章「武器‧實戰的科學」、第8章「氣的科學」中，參考傳統武術，說明如何避免胡亂練習造成的運動傷害，及避免鍛鍊出無用的肌肉。並解說如何化解在運動性的格鬥技上，應付多人對打及對手手持刀的情況。再者，因為我本身有練出一點「氣」，所以也針對「氣」來解說。

敏銳抓住心裡感　活用技法變高手
以招式為基本自在的動　就能面對沒有規則的實戰
雖是科學無法解釋的氣　但有不可思議的力量

如果能理解本書解說的「技的原理」，持續合理的練習法，我相信能培育出有探求心、忍耐力並且剛柔並進的身心。

吉福康郎

目錄
Contents

第 **3** 章　踢・腳踢的科學

第 6 章　訓練·練習的科學

第 7 章　武器·實戰的科學

目錄
Contents

第 8 章　用科學分析「氣」

打擊技的衝擊力是怎麼產生的呢？

　　所謂衝擊力，是指以某個速度正在動的物體，和其他的物體（目標）衝撞，其速度在短時間內銳減，並且完全停止時發生的力量。依據「作用力與反作用力定律」，在那個瞬間，從物體到目標的作用力，以及目標到物體的反作用力一樣大，且方向相反。這樣的一組力量，目標會被撞飛，相反的，物體會突然減速。

　　重的物體愈是高速移動，衝擊力就會愈大，雖然直覺上很容易理解，但以公式來表示會更清楚：

運動量＝質量 × 速度

　　所謂質量，把它想成是重量也可以。假設這個物體撞到固定的目標，物體從接觸到目標的瞬間開始，衝擊力就發生。隨著接觸面積變大，衝擊力也會變大。如上所述，衝擊力愈大的瞬間，物體的減速度也變得更大，最後在物體完全停止的瞬間，衝擊力就結束。

　　如右頁，以橫軸為時間，縱軸為衝擊力大小的圖示，稱為衝擊力曲線。能從衝擊力曲線得到的重要數據是，**衝擊力的最大值 F_M**，和曲線下的面積所表示的衝量 I。

　　「這個人的拳擊力是幾kgw⤳」這個問題，就是在問衝擊力的最大值F_M。最大值愈大，目標物假設為人的頭部，受到和衝擊力成正比的加速度移動，衝擊甚至會傳達到頭部內的腦，而造成巨大的傷害。

⤳ 一般說1 kgw，是指一公斤重的力。

衝擊力 F 和時間 T 的關係

F_M：衝擊力的最大值
I：衝量
T：衝擊力的發生時間T
（依技法的種類不同，而會有數毫秒～十數毫秒的差距）

※1毫秒＝1000分之1秒

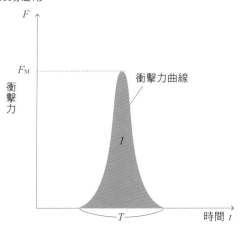

⬆ 衝擊力發生時間 T 比較短，整體的衝量 I 不會很大，但衝擊力的最大值 F_M 較下圖大（尖銳的衝擊力）。

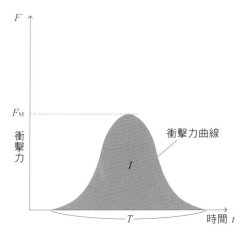

⬆ 衝擊力的最大值 F_M 沒有上圖大，但衝擊力發生的時間 T 比較長，所以比起衝擊力的最大值 F_M，整體的衝量 I 反而比較大（沉重的衝擊力）。

瞬間衝擊力的最大值，稱為「尖銳的衝擊力」。即使最大值一樣，但衝擊力發生的時間較長的話，曲線下的面積，也就是衝量會變大，有以下的公式：

衝量＝衝撞的物體的運動量

　　另外，目標沒有被固定的時候，有以下的關係：

給予目標的衝量＝被撞飛的目標的運動量

　　衝量大的拳打到對方身體後，因為衝擊力的發生時間長，所以會深深的陷進對方身體。如果二者體重一樣的話，被往後打飛的速度也會和衝量成正比。**衝量大的衝擊力也能稱為「沉重的衝擊力」**。

　　如前面所述，衝撞的物體運動量一樣，衝量和目標的硬度或柔軟度沒關係，會是一樣的結果。但是最大值方面，衝擊力發生時間愈短，衝擊力就會愈大；相反的發生時間愈長，衝擊力就會變小。

　　換句話說，即使一樣的攻擊力道，目標如果是像樹木一樣硬又不會變形的物體，因此發生時間短，最大值變很大；相反的如果是柔軟的腹部或是坐墊，因為發生時間比較長，最大值就會變小。

　　這個原理也被廣泛運用在各種運動中。例如棒球選手接球的時候，會把接球的那隻手往後緩衝，如此一來能稍微延後手接到球的時間，可以減少球施加在手上的衝擊力的最大值。

　　身體受到拳擊的時候也是相同的原理，被打到的部位往後縮，就能延長時間受力，最大值就會變小。再例如對於往下巴打來的長勾拳，拳擊手就算躲不了，也會盡量把下巴往對手的拳頭最遠的地方移動，以延長時間來承受。

質量和速度的關係

質量 m → 速度 v

運動量＝質量 m × 速度 v＝mv
質量愈重、速度愈快，運動量愈大

各種場合的衝擊力曲線

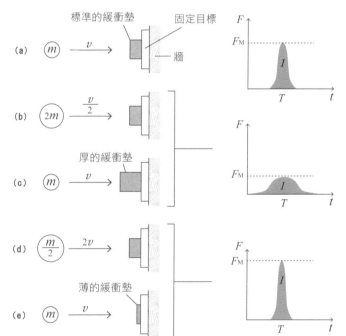

目標和物體的柔軟度，以緩衝墊的厚度來表示。
(a)～(e)的場合也因為
物體的運動量＝$m×v$＝$2m×v／2$＝$m／2×2v$＝mv
所以衝量皆為 I＝mv

(a)標準的場合。
(b)物體重而低速→運動量花了長時間 T 才傳達到目標。
(c)目標或物體柔軟→運動量花了長時間 T 才傳達到目標。
(d)物體輕而高速→運動量在短時間 T 就傳達到目標。
(e)目標或物體很硬→運動量在短時間 T 就傳達到目標。

請說明「尖銳的衝擊力」及「沉重的衝擊力」的不同？

請再回想一下前項所說明的：

衝擊力的衝量＝衝撞的物體的運動量＝質量 × 速度

質量1kg的物體以秒速10m（m/s），和2kg的物體以秒速5m碰撞，不論哪一邊，運動量都是10（kgm/s）。所以衝量，也就是「衝擊力的重量」，不論哪一邊都變成10kgm/s。

但是以高速來碰撞的1kg物體，因為衝擊力的發生時間（＝從和目標的接觸開始到完全停止的時間）很短（幾乎一半），所以衝擊力的最大值變得比2kg的物體還大（幾乎2倍）。由此可知，即使「衝擊力」一樣，不管是拳打或腳踢，拳或腳愈是高速，愈會成為「尖銳的衝擊力」。

如果想要打出讓對手立刻暈眩而倒下的力道，就是要選用具有速度的打法。

那麼，2kg的物體如果秒速變成10m的話會怎樣呢？

雖然也會依目標物的性質而有所不同，但如果衝擊力發生時間一樣的話，最大值會變成2倍。當然衝量也會完全變成2倍。

只要單純的想，體重50kg的拳擊手和100kg的拳擊手以一樣的速度出拳的話（假設手臂的重量也和體重成正比），最大值和衝量都會變成1比2。如果因肌肉訓練而手臂變粗的話，速度一樣的話，那麼拳擊的力量也會增加。腳踢也是，用粗的小腿來踢，理論上會比較有威力。

拳頭或足尖移動的速度愈快，就愈會形成尖銳的衝擊力。

橄欖球式衝撞，因為運動量大，所以變成沉重的衝擊力。

 ## 衝擊力和時間的關係

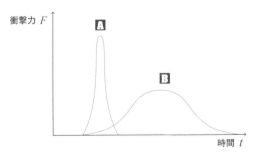

03　出拳的速度愈快，擊中的衝擊力就愈大嗎？

　　拳頭揮動愈快，會連帶使手臂整體快速的運動，所以衝擊力就會變大。對於像顏面這種較輕的目標物，在軀幹的力道還沒完全傳達到之前，就會被影響而移動了。所以手臂，特別是拳頭和前臂愈是高速，衝擊力就愈會增加。

　　但是，對於不容易受到影響、平坦又「容易吸收衝擊力」的身體，只有拳頭高速的話，就未必有效了。這時就必須利用軀幹的運動量。假設以少林寺拳法5段（體重71kg）的人使出右逆擊（直拳）為例來思考吧。目標是固定在牆上的衝擊力測定器。衝撞目標的，是手臂的3個部位（拳頭、前臂、上臂）和軀幹的一部分。軀幹之中，假設出拳那側的肩膀，周邊重量5kg的部位是往目標物的方向移動。

　　手臂各部位的質量，是由解剖學資料所取得的推定值。拳頭達到最高速的瞬間（擊中目標的瞬間）各部位的速度，由高速攝影的分析來取得，再乘以質量，計算出運動量（圖表1～3）。

　　如果是對顏面打的話，拳頭和前臂以高速來動作，第一次出拳應該會變成最大值很大的衝擊力。但是對於固定的目標，拳速慢的第二次出拳，出現最大衝擊力270kgw，表示陷入身體的「重量」的衝量（＝全體的運動量），也是第二次出拳的30.5比第一次出拳的25.7還要高。

　　可以這麼說，第一次出拳是只有把手臂高速打出去的、顏面用的出拳法，第二次出拳是稍微壓制手臂的速度，讓軀幹占全體運動量的39%的、「體重加乘」的、適合打身體的出拳法。

1：拳頭、2：前臂、3：上臂、4：軀幹
$m_1 \sim m_4$是各部位的質量
$v_1 \sim v_4$是各部位的重心的速度
全體的運動量＝$m_1 v_1 + m_2 v_2 + m_3 v_3 + m_4 v_4$

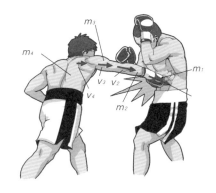

➲ 即使拳頭的速度v_1很大，但因為拳頭很輕（m_1很小），所以運動量$m_1 v_1$就不會變那麼大。但若軀幹大大地移動了，會變成軀幹的運動量$m_4 v_4$很大的「加上體重的重的攻擊」。如果速度和形式相同的話，衝擊力的最大值和衝量也幾乎和體重成正比。

圖表1　二次出拳打中目標的瞬間各部位速度（m/s）

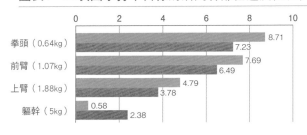

■第一次出拳
（衝擊力的最大值是247kgw）

■第二次出拳
（衝擊力的最大值是270kgw）

圖表2　二次出拳打中目標的瞬間的各部位運動量（kgm/s）

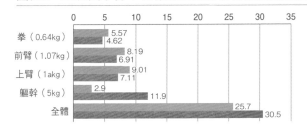

■第一次出拳
（衝擊力的最大值是247kgw）

■第二次出拳
（衝擊力的最大值是270kgw）

圖表3　二次出拳打中目標的瞬間的各部位運動量所占的比率（％）

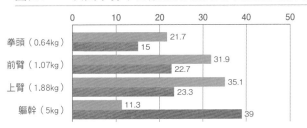

■第一次出拳
（衝擊力的最大值是247kgw）

■第二次出拳
（衝擊力的最大值是270kgw）

★結論：拳速慢的第二次出拳，衝擊力的最大值、全體的運動量（衝量）卻都比較高。因此對於打顏面是第一次出拳，打身體是第二次出拳比較有效。

04 迴旋肘擊和迴旋踢，這兩種技法為什麼具有強勁的威力呢？

　　這二種技法，都是把身體向左右轉，再轉回正的動作。由用左右肘、反拳（握拳的手背）、腳跟擊中對方的顏面，或用迴旋踢擊中側腹。藉由身體轉動再轉回來的手肘、拳頭、腳跟，會形成快速的動作。手肘雖然比拳頭或腳跟，迴旋的半徑較小、速度稍慢，但手肘骨硬且運動量容易在瞬間傳達，而後旋踢是使用較重的腳來動作。使用Q01的用語的話，衝擊力的性質就如下所示。

● 肘打：非常猛，重量也適中

● 反拳：非常猛，但重量無法期待

● 迴旋踢：非常猛，且相當有重量

　　不管是哪個技法，只要俐落的話，就有一次擊倒對手的威力。但若沒有抓住正確的時機，不是以肘、反拳、腳跟，而是上臂、手腕或前臂、足踝擊中對方的話，衝擊力就會減少。此外，身體迴轉時，脖子若能早一瞬間回頭，好好的盯準目標是關鍵。

　　不管是哪個技法，從迴轉的身體陰影處，突然讓手臂或腿飛過去，就能讓對方出乎意料。雖說如此，以此為主的打法並不推薦。因為迴轉前的預備動作很容易讓對手看穿而被防守，或是在向後轉的瞬間就被反擊了。偶爾使用的時候，有必要有效掩飾軀幹迴轉的預備動作。

　　例如，用左手把對手的攻擊往內側擋的動作中，因為身體要往右迴轉，所以只要直接繼續這樣迴轉，就可和這些的技法連結。相似的動作，在Q31解說的，從右直拳到右旋踢的組合招式中也可看到。

迴旋反拳擊

● 迴轉揮動拳頭時非常高速，產生了尖銳的衝擊力。但因為拳頭以外的部位並沒有同時往目標移動，形成了緩衝，所運動量就很難被傳達。

迴旋肘擊

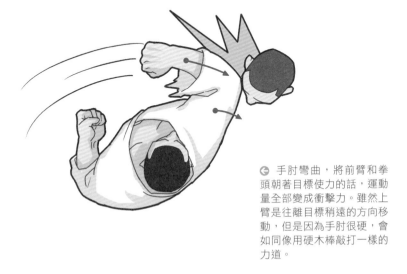

● 手肘彎曲，將前臂和拳頭朝著目標使力的話，運動量全部變成衝擊力。雖然上臂是往離目標稍遠的方向移動，但是因為手肘很硬，會如同像用硬木棒敲打一樣的力道。

為什麼迴旋踢比直拳、前踢及勾拳更難閃躲？

這是和人的直立姿勢有關係。請用雙手抱住一本書，身體重心（中心）不動，以各個方向的迴轉軸來轉圈看看。

最容易旋轉的是和書長方向一樣的迴轉軸。在花式滑冰中也是如此——把上半身或腿部往橫向伸展的姿勢，只能慢慢的旋轉；但如果直立把手腳收緊，讓整個身體像根直立的棒子一樣，就能高速旋轉。

直拳和前踢，是拳頭或將腿伸直往前踢。如果以顏面為目標，對手只要把臉往橫向動，就不會被打中。以身體為目標的時候，對手軀幹必須橫向移動。雖然軀幹重量較大，比臉更難躲開，但基本上只要扭轉軀幹，就算被對手擊中，也只會斜斜地被打中，威力會大幅減少，形同躲開。

換言之，又重又難移動的大目標，也就是身體，對於直拳、前踢和勾拳，其實用人體最容易旋轉的垂直軸圓周的扭轉，就能躲開。

另外，勾拳只能用拳頭打，但迴旋踢，特別是泰拳，利用揮動並旋轉整個腿部的方式，**如果被從腳背、足踝或小腿以上任何一處踢中的話，就會形成傷害**，也是不易閃躲的理由。

再加上，**迴旋踢的路徑，因為基本上是水平的，所以直立的身體，就算以垂直軸的圓周來扭轉，也無法完全閃避**。對於上段踢，只要彎曲上半身就能閃避，但對於中段踢和下段踢，就一定要大步後退才能閃開，因此是很難躲過的一種技法。

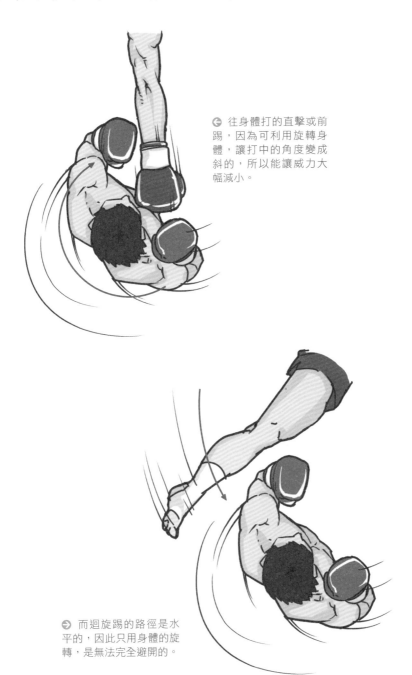

⊖ 往身體打的直擊或前踢，因為可利用旋轉身體，讓打中的角度變成斜的，所以能讓威力大幅減小。

⊖ 而迴旋踢的路徑是水平的，因此只用身體的旋轉，是無法完全避開的。

06 為什麼「不論是出拳還是踢腿，築牆都很重要！」

　　在棒球的揮棒或高爾夫的揮桿時，在左側「築牆」，是一門重要的學問。能注意到這點的話，就能完成高速的揮擊。試著用力學來解說其意義吧。

　　在劍道用竹刀往下揮的時候，基本動作是讓握著刀柄的兩手瞬間用力握緊然後急速停止，是因為對竹刀築了一道「兩手的牆」，所以能讓竹刀的前端急速加速，理由如下。

　　有「在離物體的重心較遠處施加力量的話，物體會開始旋轉」的原理。假設有根棒子，平擺在沒有摩擦力的平面上，我們用右頁的俯視圖來看。首先，不管是重心G或端A或端B，都以相同速度前進中（$V_1=v_1$）。假設這個棒子的端B撞到立在點P的木樁後，完全停止了。棒子開始以點P為中心向左旋轉。重心G當然會急速減速（$V_2<V_1$）。但是加進旋轉的影響後，端A反而會急速加速（$v_2>v_1$）。

　　請把人假想成這個棒子。點B是往前踩後著地（急速停止）的左足，點A是急速加速的右肩還有右腰。如果是右直拳或勾拳的話，是從右肩擊出手臂；如果是前踢或迴旋踢的話，是從右腰（右股關節）踢出腳。

　　在這裡重要的是。著地的左足B，一定要位於比重心G更左側的位置。另外，著地的左足如果只是隨便張開腳，急速停止的效果就會大打折扣。當然作為軸的身體晃動，或是搖來搖去，效果也會劇烈減少。總而言之，藉由「築牆」，讓右肩或右腰急速加速，掌握好時機出擊或出腳，是打擊的一個重要技巧。

端B在點P（也就是「牆」）突然停止後，重心G的速度會減慢，但因旋轉的效果而點A急速加速。

右圖是泰拳的右中段踢示範。地板的黃色部分也就是相當於所謂的「牆」的位置。

「收了拳速度反而變快」的技法，原理是什麼？

對於顏面這個部位來說，比起沉重的衝擊力，尖銳的衝擊力更有殺傷力，因此，以高速出拳頭是有必要的。有趣的一點是，從力學上得知，利用「收」，拳頭就會變成高速。

以讓手肘的轉動產生打擊力的反拳擊為例吧。我們試著對照俯視圖，來看看放在左胸上部的拳頭，打出右反拳時的分解動作吧。當上臂和前臂都往右旋轉時，原本彎著的手肘伸直了，所以前臂的重心速度和旋轉速度，也都變得比上臂快了。

在Q06有談到，握著竹刀的兩手急速停止後，竹刀前端會急速加速。在反拳擊時，前臂等同於竹刀、握著竹刀的兩手位置相當於手肘。以「收拳」的感覺，**讓上臂（還有手肘）急速停止後，手臂前端（也就是拳頭）會急速加速**。如果就這樣持續收拳，那麼拳頭會在瞬間回到原本的位置，就能減少被對手抓到的可能性。

根據近畿大學的谷本道哉老師和國立運動科學中心的荒川裕志老師研究，迴旋踢也使用了相同的原理。一般的迴旋踢，會盡可充份運用到扭轉腰部的力量，但是也有**在快打中目標前就把腰反轉回去的踢法**。踢出的腿相當於竹刀，股關節就相當於握刀的兩手。只要踢出的腿的根本部位，也就是股關節突然停止，踢出的腳前端的部位就會加速，但把腰（股關節）一收回來，更能增加效果了。這樣子，像鞭子一樣的足尖，就會急速加速。

但是，會因為腰的反轉，會讓踢出的腳的速度減慢，所以衝量，也就是像陷進對手身體裡般的「重量」會減少。

一邊伸直手肘，一邊開始揮動手臂全體。

以手肘為中心，拳頭用高速迴轉。以收拳讓手肘突然停止。

總是被體型大的對手撞飛，難道沒有對策嗎？

如果身體被撞，躲避是最好的方法，但是沒辦法躲的時候，避免被撞飛的第一個方法，就是像相撲立會（比賽開始時從蹲踞的姿勢站起來）一樣，自己也很有威勢的猛力推撞。如果有

自己的體重 × 自己的速度＝對手的體重 × 對手的速度

的關係的話，兩人的運動量會相等。如同力學定律所說的：對撞瞬間，兩人都會完全停止。例如體重90kg的對手是以秒速2m撞過來的話，自己（體重設定為60kg）就用秒速3m前進，如此一來兩人的運動量就會相等。

但是，在衝撞的瞬間，不管對於撞的人或被撞的人，都會產生一樣大的作用力。因此不只是被撞的人，就連撞的人也有必要採取穩固的姿勢才能防止被撞飛，以下提供幾種對策。

兩手伸直貼在對手肩膀上，將手臂彎曲，拉長承接時間的話，衝擊力就會大幅的變小。但是，依照上面的公式，如果自己前進速度比較小的話，被撞飛的這件事是不會改變的。

還有一種不用移動身體就能實行的方法，「減壓」是重點。在這裡所謂的減壓是指放鬆膝蓋的力量，讓身體往下沉。首先預測碰撞的時間點，瞬間快速的讓雙腳完全減壓。例如0.2秒的減壓，身體的重心就會和物體一樣的往下墜。這個距離是20cm。接下來的瞬間，兩腳用力張開，停止下墜。張開的時間設定為0.05秒（是下墜時間的四分之一）。為了停止下墜所用的力量，是體重的4倍，這個力量再加上體重，使用和體重變成5倍相同的力量對地面作用。地面和足部的摩擦力也會變成平常站立時的5倍。

秒速2m

秒速3m

90kg

60kg

⬆ 體重×速度一樣的話，就能完全抵擋。

 擋住的力量大小和時間長短的關係

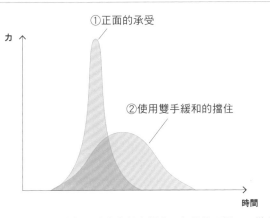

①正面的承受

力

②使用雙手緩和的擋住

時間

⬆ 雖然花費時間來抵擋的話，衝擊力就會變小，但衝量不變，一樣會被撞飛。

如此，雖然能瞬間的擋下對手的撞擊，但卻會產生很強的衝擊力。對於個子小的對手，因為能由自己的體重自然產生的力量而能對抗，所以還算是個有效抵擋的方法。但是對手的體重或速度都相當大的時候，反而會因衝擊力而受到損傷，或是無法擋下來而被撞飛的情形還是會發生。

使用以下的第3種方法的話，即使強力的撞擊也能撐住。首先如前面所說的，兩手伸直推對手肩膀的動作，作為輔助性的使用。減壓的這一點和第2種方法一樣，但是時機要再慢一點——直到**在和對手衝擊的同時減壓**。因為和地面沒有摩擦，所以身體會咻的往後退幾十公分，對手便無法有效撞擊。人是有所謂前饋控制的，會一邊預測未來一邊行動。

因此在撞擊時，會配合對撞的時機或空間的位置，採取容易把衝擊力傳給對手的體勢，但若特意採取某種體勢，而非依實際狀況作調整，則不會有預期的效果。

承接衝撞的時機再慢一點，和第2種方法一樣，兩腳張開的話，就能讓自己的姿勢變得穩固。讓時機和位置完全錯開，就能輕鬆擋下感到困惑的對手。在這個方法中，減壓後被推撞期間，因為身體會像往後仰一樣的迴轉，所以要把這個因素再計算進來，在一開始就先採取「前傾」的姿勢有必要的。

第4種方法是把目前為止的方法併用。面對用頭撞過來的對手，伸直的手不是擋對方肩膀而是擋頭，將脖子往側邊移，或是扭轉般的把他推開。採取這樣的姿勢反擊的話，因為對手會考慮頸椎損傷的風險，因此會本能性的減緩攻勢。

慣性的體重的增減和減壓的關係

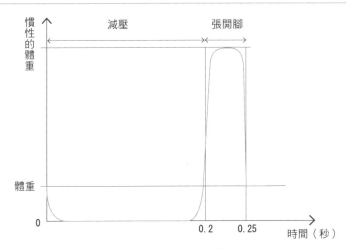

慣性的體重

減壓　　　　　　　張開腳

體重

0　　　　　　　　　0.2　　0.25　　時間（秒）

⬆ 持續減壓並張開腳，在慣性的體重增加的時機擋下來。

前傾姿勢

對手

⬆ 在減壓期間撞擊的話，會沒有效果，但若是「咻！」的往後退。在下一個瞬間張開腳，就能完全阻擋困惑中的對手。

與體型比自己大的對手互推時，往往會推輸，請告訴我反擊方法！

　　個子小的人和身材高大的人正面互推的話，即使肌力足夠，但會因為腳滑動而輸。因為地板和腳的摩擦力，幾乎和體重成正比，因應的對策為何，我們由相撲這項格鬥技來了解。

　　假設體重60kg的A和100kg的B互推。如果A用體重差20kg的力量推B的話，A和B的慣性體重﹀都會變成一樣的80kg，兩人互換的力量也會一樣大。

　　在相撲中，立會之後馬上有「差手爭」，指的是相互把自己的手臂插進對手的手臂之下。如果順利插進去，馬上就能翻轉上臂。就是像要把手肘撐開一樣的，把上臂往內側轉。手部的細節動作是，把插進去的手背讓小指往上翻，貼到對手的背部。

　　利用上述「差手的翻腕」，變成把對手的手臂或腋下往上抬的姿勢，自然的就變成把對手推抬起來的狀態。另外，對手的手懸空的話，就很難抓住己方的衣服（相撲的話則是名為「相撲褲」的丁字褲），上臂便失去作用。就這樣，利用從深深插入的手臂根部到肩膀，一邊把對手架空一邊前進的話，即使是體重差很多，也能推贏對手。特別是所謂的「諸差」，也就是兩隻手臂全都插進去的姿勢，絕對有利（但對手身高特別高的時候除外）。

　　接下來是，當對方手臂打算插過來的時候的對策。有所謂的「押付」，是把對方插過來的手，從手腕到前臂，用自己的前臂夾在軀幹上，要把對手的手臂擠出去的感覺。但不是用手臂，而是用腰的力量上推一樣的前進。這樣的話，因為對手無法插入手，反而身體會不穩，就能推贏對手。

慣性體重的意思是，指慣性運動後所產生的慣性質量，和正常情況下體重的質量不同，會變得比較大。

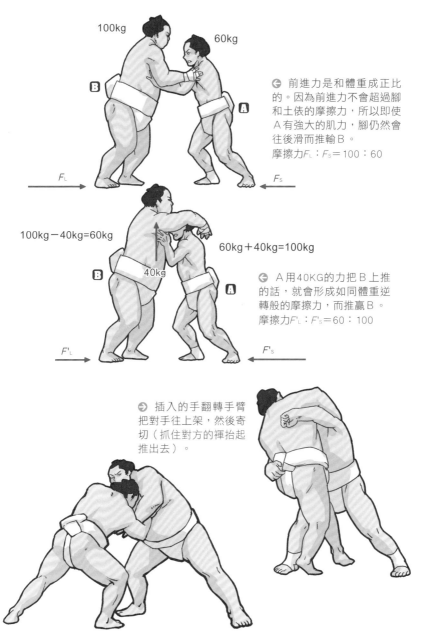

100kg

60kg

F_L F_S

◐ 前進力是和體重成正比
的。因為前進力不會超過腳
和土俵的摩擦力，所以即使
A有強大的肌力，腳仍然會
往後滑而推輸B。
摩擦力F_L：F_S＝100：60

100kg－40kg=60kg

40kg

60kg＋40kg=100kg

F'_L F'_S

◐ A用40KG的力把B上推
的話，就會形成如同體重逆
轉般的摩擦力，而推贏B。
摩擦力F'_L：F'_S＝60：100

➜ 插入的手翻轉手臂
把對手往上架，然後寄
切（抓住對方的褌抬起
推出去）。

⬆ 對於對手（右）從左方插入手，以押付來對抗（左）。

中國拳法有所謂的「靠」，是一種什麼樣的技法？

一說到身體撞擊，或許大家都會聯想到橄欖球或美式足球，也就是球員們「衝很快然後撞上去」的經典動作。但是，像這樣「預先告知的身體撞擊」，其實很容易就能躲開，甚至受到反擊的可能性也很高。

至於中國的拳法，使用拳頭或手肘的擊技，很多都能解釋為「用拳頭或手肘的身體撞擊」。例如，若對手跨步向前，反擊的方式是自己也跨步向前，這時出拳擊中對手的話，就是「用拳的身體撞擊」。至於比對手出擊更快的方式就是用手肘攻擊，也就是「用手肘的身體撞擊」。如果對手也擋下這個攻擊而更接近的話，就「用頭的身體撞擊」，也就是能以頭擊來迎擊。如果已經來不及，就用肩往上頂對方的頭，這是一定能反擊方式，同理也可以用肩、背（鐵山靠）、腰來撞對方的身體。

在中國拳法中，身體撞擊稱為「靠」。 對於對手的攻擊請看右頁的圖，反擊時的肘擊和用肩撞擊，用的幾乎是相同的招式，也就是先**自己大步跨向前去**。因為兩者的接近速度大，再用所謂**發勁**的特殊出力方法，所以不只會有衝量，還會有最大值也很大的衝擊力。

我曾全力對太極拳的池田秀幸師傅出擊，但他突然從眼前消失，反而十分手下留情地用「靠」將我擊倒。之後，從側腹被他肩膀撞到、完全靜止的狀態下，師傅大大的減少發勁力道，只是用肩擊，就讓我側腹凹了進去。聽說這個招式能立即讓人肋骨斷掉，讓我見識了中國拳法的身體撞擊，是具有實戰威力的技法。

⬅ 一邊化解對手的攻擊，一邊跨向前去，用手肘撞身體。

➡ 和對手的距離很近的話，就用肩膀的身體撞擊「靠」。

相撲的力士練習用頭撞鐵砲柱，難道不會受傷嗎？

在相撲裡把用頭撞的攻擊稱為「打嚙」，但確切的頭擊位置是用前頭骨比較厚的部分，也就是額頭髮際的部分去撞對手。因為頭骨很硬，能發生瞬間性的大衝擊力，再加上加速衝過去產生的全身運動量，所以變成「又尖銳又沉重的」衝擊力。

押相撲 的力士之間彼此互撞的話，就會聽到「叩」的很大聲，有的會頭破血流，也有時會有一方因腦震盪而倒下。因為頭擊的確具有把石塊或紅磚打破的威力。

事實上力士從平常就有用頭撞鐵砲柱（練習場內的粗木頭柱）訓練撞擊的力道，同時反覆讓皮下內出血，鍛鍊出石頭般的硬度。另外，力士之間也會互撞頭，即使是身體大的力士，只要被練成石頭的師兄撞個1～2次，會痛到哭出來。

實戰的格鬥技，雖有以頭擊為前提而鍛鍊技法的，但幾乎在所有的運動式格鬥技中是被禁止的技法。因為頭擊雖然很有威力，但不只是會皮膚出血，還會有頭蓋骨凹陷、頸椎或腦損傷的可能的危險技法。

不只是頭擊，根據作用力、反作用力的定律，加在目標上相同的衝擊力，也會加在自己的頭上。所以如果用頭打破石塊的話，就像等同於用石頭打擊頭的力道。不只是被頭擊打的人，就連用頭擊他人者也要有會受傷的心理準備。雖然頭擊是實戰的技法，但不只是對手，就連對自己都有很大的危險，所以要避免以自己的方式練習，請接受熟練者的指導。

原文是「押し相撲」，亦稱為推手相撲，是用互推的方式的一種相撲比賽。

頭擊的訓練部位和方法

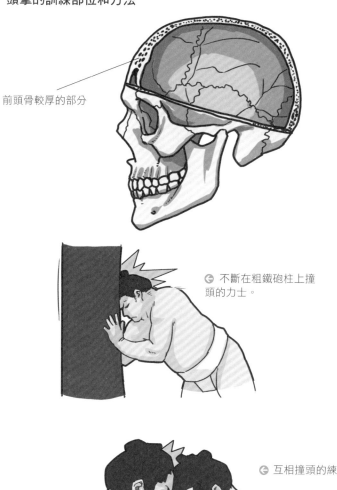

前頭骨較厚的部分

🔴 不斷在粗鐵砲柱上撞頭的力士。

🔴 互相撞頭的練習。

第一章 打擊的科學

「相撲強的人，空手道也會很強」，為什麼大山倍達會這麼說呢？

相撲這種運動，乍見之下只是二個體重可觀的人用力互推而已，但其實是各式各樣的格鬥技必要的基礎體力和技術的競技。一般的格鬥技中，只要有20kg的體重差，就幾乎無法相抗衡了，但相撲體重100kg的力士打倒150kg的對手，卻是有可能的。如此高深的技術，如果不懂得怎麼欣賞了，真的是一件可惜的事。

力士們平時有獨特的飲食管理，身體方面也有不同於常人的特徵：

①除脂肪體重（除了體脂肪之外的肌肉、骨、內臟等的總量）非常的大，骨格強壯而肌肉量又多。

②身體、脖子粗又耐打、和肌肉量成正比。

③除了各式各樣的摔投技，也有打嚙（以頭或肩撞）或突張（開掌搏擊）等的打擊技、和關節技接近的小手投（摟臂過肩摔）或極出（用手臂夾住對手的差手、頸、肩等關節後推出土俵）。

④能察覺到和對手接觸的部位所施加的力量，所以能迅速熟知對手之的技巧。

⑤相撲的規則為「倒下就輸了」，所以力士們的平衡力都很好。

一般認為，作為訓練的一環，採用相撲的練習對身體和技術雙方面都有很大的幫助。

🏹 大山倍達是日本一位已過逝的知名空手道高手。

圖表　職業力士和一般男性的身體組成比較

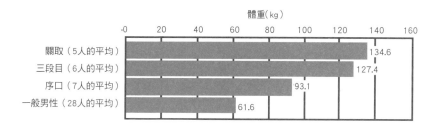

體重(kg)

關取（5人的平均）	134.6
三段目（6人的平均）	127.4
序口（7人的平均）	93.1
一般男性（28人的平均）	61.6

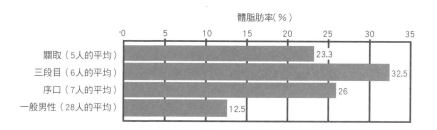

體脂肪率(%)

關取（5人的平均）	23.3
三段目（6人的平均）	32.5
序口（7人的平均）	26
一般男性（28人的平均）	12.5

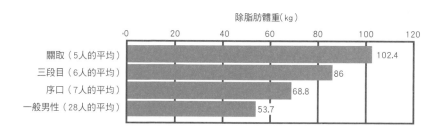

除脂肪體重(kg)

關取（5人的平均）	102.4
三段目（6人的平均）	86
序口（7人的平均）	68.8
一般男性（28人的平均）	53.7

關取雖然體重最重，但比起三段目、序口，體脂肪率都還要低，所以力氣強大的多也是可以理解的。如果是體重160kg、體脂肪率25％的幕內力士的話，除去脂肪體重應該有120kg。

第2章 擊‧拳擊的科學

13 「反擊直拳比右直拳強！」為何是選手公認的事實？

　　打出右直拳的時候，會藉由左足向前跨，讓上身往右迴轉，所以如果不多留意，就會**自然地呈現右肩拉開的姿勢**，因此對手能從這個姿勢預測出「右直拳要來了！」加上右直拳因為和對手的距離較遠，從出拳到擊中要花上一點時間，因此就會讓對手來得及防禦。

　　所以拳擊手打出直拳時，會想盡辦法讓右肩拉開的預備動作消失。但因為這樣不是自然的動作，右肩沒有往後拉的情況下，往往造成威力減弱。

　　在頭銜賽出場的頂級的拳擊手之中，還是有能打出不被對方發現「突然飛過來的右直拳」的強者，但並不是每個人都辦得到的。

　　所以，選手們通常會以「反擊直拳」來掩飾直拳的「標準」預備動作，也就是要先輕輕打出左刺拳。這並不是這時就想要打中對手，而是因為這個時候**左肩會往前出去**，所以就和單純的跨出腳的時候一樣，形成**右肩退後的姿勢**。

　　因此，對手變成只會注意到左刺拳，而忽略了接下來直拳出拳的時機。這就是一般說「反擊的直拳很強」的原因。

　　我曾經做實驗，請幾位一流選手對固定的衝擊力測定器，打出直拳和反擊的直拳，結果兩種的但衝擊力並沒有差別。但這是因為測定器不會防禦也不會反擊，所以可以充分的以拉開右肩的姿勢打出單獨的直拳。在有對手的實戰中，「反擊直拳比較強」，應該是公認的事實吧！

圖表　四位格鬥技選手，直拳和反擊直拳的衝擊力最大值

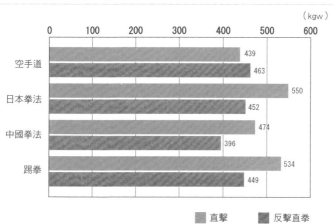

（kgw）

| | 0 | 100 | 200 | 300 | 400 | 500 | 600 |

空手道　439
463

日本拳法　550
452

中國拳法　474
396

踢拳　534
449

■ 直擊　　　■ 反擊直拳

🔼 反擊直拳的衝擊力最大值，比直拳強的只有空手道。

🔼 右肩大大的往後拉開打出的右直拳，俗稱Telephone Punch（動作像是打電話，並有告知對手要打直拳的感覺）。雖然能打出很強的拳，卻容易被識破。

🔼 打右直拳之前先出輕輕的左刺拳，就算不動右邊的拳頭，也能形成右肩往後拉的姿勢。

以勾拳攻擊顏面，為什麼會產生很大的破壞力？

勾拳被認為比直拳強的根據是——勾拳常常擊倒對手。但根據我的測試，常使用勾拳和直拳的少林寺拳法或日本拳法，勾拳絕不能說比直拳強。甚至在傳統空手道和中國拳法中，勾拳的衝擊力反而明顯的比較小。

對顏面的拳擊殺傷力如何，全看給予腦部什麼樣的衝擊而決定。就像是把裝進又硬又複雜的凹凸形狀容器（頭蓋骨）裡的布丁（腦），搖晃震動或是快速旋轉來進行破壞一樣。

因為直拳通常都是從頭部正面擊中，所以會有像把布丁的容器急速搖晃的作用。對於被拳擊打中的那一側，腦部會有極大的破壞力，相反的另一側，則會有化解破壞的力量作用。

拳擊手會以顏面稍微向前傾的姿勢來承接拳擊。因為在這個姿勢下，頭部被後方的頸椎所支撐，加上被拳擊中的瞬間，會使脖子的肌肉強力收縮而縮緊下巴，防止頭部後仰。如此一來，**要用衝擊力讓受到支撐的頭部急速搖晃，是比較難的事。**

反過來說，如果是下巴往上突出，或是脖子的肌肉收縮的時機太慢，或是沒注意到拳而完全放鬆的狀態，就會形同頭部沒有支撐一樣而導致莫大的傷害。

即使直拳正面打中額頭，也就是頭蓋骨的正面，因為額頭的骨頭能化解頭擊程度的堅硬度，所以不造成那麼大的損傷。試試看用自己的掌根（手掌的根部）打額頭的話，就能實際感受到。

但是從正面打下巴的前端的話，頭部受力後會產生大幅晃盪，就會帶給腦部很大的衝擊，不管勾拳或上勾拳都可說是如此。但下巴之所以被稱為要害，原因之一是下巴並不像額頭那麼

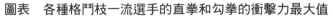

圖表　各種格鬥技一流選手的直拳和勾拳的衝擊力最大值

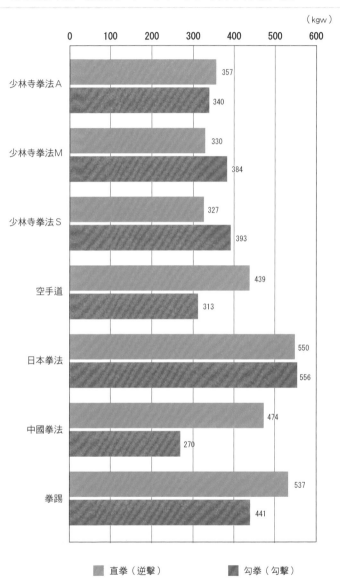

■ 直拳（逆擊）　　　■ 勾拳（勾擊）

⬆ 勾拳的衝擊力的最大值，即使比直拳大也差距不了太多。如此表中的少林寺拳法M、少林寺拳法S、和日本拳法。在中國拳法、踢拳中，勾拳的衝擊力則明顯小很多。

堅硬。但最重要的原因是，**下巴被打後，頭部容易迴轉，容易把衝擊傳到腦部。**

因此勾拳之所以能擊倒對手，就是因為常常能擊中下巴的前端。即使有時看起來只是輕輕擦過去，也會擊倒對手，這是因為頭部被急速迴轉的緣故。

試著用兩手頂著本書的正中央後左右搖晃，請感覺一下這個時候由手上的書本傳來的力量。接下來，試著拿書的上端和下端旋轉，就會理解，只要用很小的力量就足以旋轉。因此我們有了這樣的結論——拿著離書的正中央（也就是重心）愈遠的地方，愈能輕鬆的旋轉。

同理，所謂下巴的前端，就是離頭部的正中央最遠的地方，用橫向的力量就能簡單的旋轉。再加上，頸椎在扭轉時無法成為支撐，扭轉脖子的肌肉很弱而無法產生抵抗力。就像把布丁的容器急速旋轉後，布丁會和容器脫離，布丁會破掉一樣。因此頭蓋骨的急速旋轉，會引起頭蓋骨的內面和腦脫離，造成腦部損傷。

上勾拳則是會產生從下巴下方往上攻擊的衝擊力，頭部會像上仰般的急速迴轉。雖然迴轉的方向不同，但加在腦部的損傷程度和左、右勾拳是相同的。

勾拳即使瞄準太陽穴（temple）打也很有威力。不只是因為太陽穴附近的頭蓋骨（側頭骨）比較薄，也是因為太陽穴有重要的血管通過，是對外力抵抗力很差的一個區塊。如果自己輕輕敲太陽穴的話，就能想像出受到強力打擊時的損壞程度。

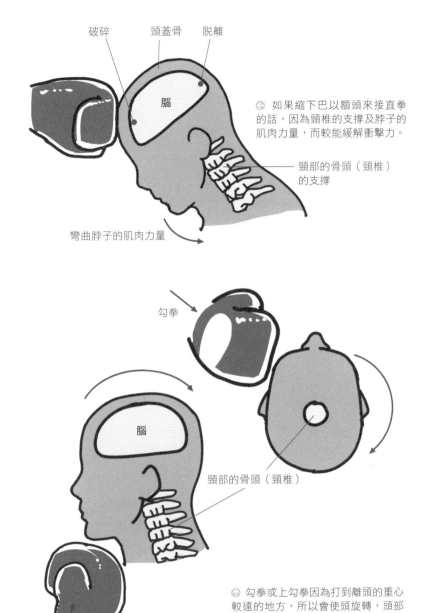

破碎　　頭蓋骨　　脱離

腦

◐ 如果縮下巴以額頭來接直拳的話，因為頸椎的支撐及脖子的肌肉力量，而較能緩解衝擊力。

頸部的骨頭（頸椎）的支撐

彎曲脖子的肌肉力量

勾拳

腦

頸部的骨頭（頸椎）

上勾拳

⬆ 勾拳或上勾拳因為打到離頭的重心較遠的地方，所以會使頭旋轉，頭部受到大力搖晃後，很容易受傷。

15 為什麼出拳打中對方的剎那，一定要緊握拳頭呢？

理由之一是，拳頭如果沒握緊，在打中目標的時候，**手指容易骨折，或是手腕容易因晃動而受傷**。另一個重要的理由是，握得太鬆的話，出拳的運動量傳達到目標會花比較多時間，**衝擊力的最大值會下降**。

如Q21所示，拳頭所擁有的運動量，是全體的15～20%左右，比前臂或上臂都小很多。也就是說，拳擊的衝擊力之中，拳頭本身所發生的衝擊力意外的小。但是，拳頭有將前臂、上臂、軀幹所擁有的運動量，傳達到目標的這個重要功用。

上臂的運動量，是透過肘關節傳達到前臂，再經由手腕到拳頭，最後到達目標的順序來傳遞的。手肘或手腕的關節成為緩衝，對運動量的傳達就會花費時間，衝擊力的最大值就會下降。因為手腕的關節特別容易搖晃，所以為了讓前臂的運動量容易傳達過去，牢牢固定是有必要的。而最好的手段，就是把拳頭握緊。

如右頁插圖，完成「握拳」這個動作的肌肉，包含手臂及手掌，但從握拳之後發現前臂會變硬一事得知，大部分是集中在前臂。這些肌肉，也兼具不讓手腕搖晃的固定功用。

所以**握緊拳的目的，除了能防止受傷，還能固定住上臂，傳達由手肘節傳來的力量**。如果前臂處於肌肉放鬆的狀況下，就會變得像柔軟的橡皮球。好比我們撞到橡皮球時，衝量即使一樣，也會變成最大值很小的衝擊力。

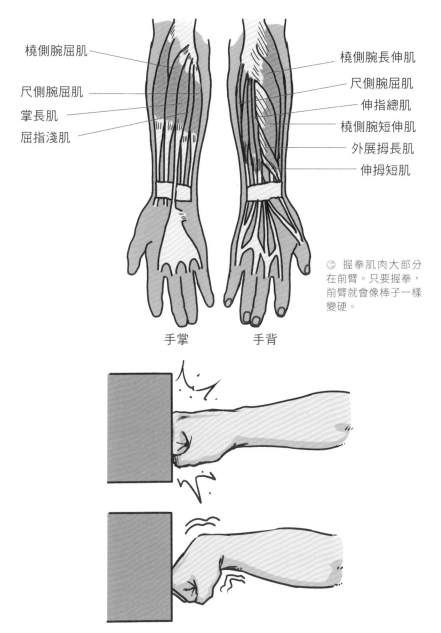

橈側腕屈肌

尺側腕屈肌

掌長肌

屈指淺肌

橈側腕長伸肌

尺側腕屈肌

伸指總肌

橈側腕短伸肌

外展拇長肌

伸拇短肌

🔵 握拳肌肉大部分在前臂。只要握拳，前臂就會像棒子一樣變硬。

手掌　　　　手背

🔴 握得太鬆的話，會有「手腕會搖晃」、「前臂部分軟軟的，衝擊力很弱」、「弄痛手指或手腕」等弊害。

單揮的威力大，還是連續單打的威力大呢？

即使連打，如果間隔1秒以上的話，就和連續單打一樣的效果。我針對少林寺拳法高段者測定的左直拳，和連打的右直拳，所測出的間隔是0.1秒左右，最長不會超過0.3秒。

總結出測定的結果後，發現連打的拳擊比單揮的拳擊，衝擊力降低許多。而且間隔愈短，也就是速度愈快的連打，衝擊力降低的更多；但如果間隔長的話，就會接近單揮的衝擊力。另外，連打的第一拳的衝擊力，也有降到單揮的一半左右的狀況，甚至和拳擊的刺拳一樣輕。

為了讓第一拳有超過刺拳的威力，結果反而會變成第二拳的衝擊力下滑。如果稍微誇張一點的說，就是**第一拳和第二拳的衝擊力合計，是和單獨的逆擊相同程度**。為什麼會這樣呢？

請試著從能量面來考量這個情形吧。為了出拳，身體蓄積了必要的能量，在肌肉經過充分的待命時間後，被打出就是單揮。第一拳打中目標後，能量消失了，身體必須提供打出第二擊的能量，但是如果**只有非常短的時間，能源的供給會來不及，威力就會減弱**。

在Q13看到的「反擊直拳」是和連打的動作很相似，但第一拳是預備動作，雖然故意不打中，但這個能量會回轉到第二拳，所以很有威力。

因此若能把對手逼到角落的話，這時應避免胡亂的連打，而是要讓拳擊有強弱的韻律，或是調節連打的間隔，**一邊找可趁之機，一邊打出強力的一拳**，才是有威力的方法。

圖表　少林寺拳法高段者的連打間隔

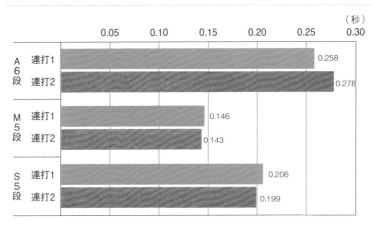

圖表　少林寺拳法高段者的單揮和連打的衝擊力最大值

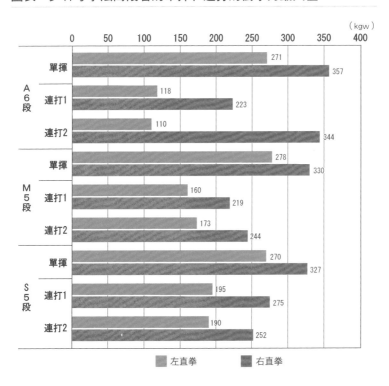

51

空手道中「一邊前進一邊攻擊」，那是怎麼樣的打法呢？

以左腳往前的姿勢，要對離自己稍遠的對手打右直拳的時候，為了來得及打中，幾乎所有的格鬥技都會以左腳、右腳的順序走步。移動後當然還是左腳在前。但是，麥克泰森[※] 等一流的拳擊手，是前面的左腳不動，後面的右腳一邊大步往前踏出，一邊打右直拳。

一般人普遍會認為「一邊前進一邊出拳的人很強」，但是在我的實驗中，一邊快速前進反而會使衝擊力下降。原因是，前進時為了像平常一樣，讓向前踏出去的前腳著地，會自然的踩剎車，而使往前衝的衝勁大大地降低了。

雖然了解這個道理，但卻沒有時間把後腳張開再加速。因為如果打中對手的時機，不是在後腳拉過來的期間，力道就無法連帶出來，反而會因為花太多時間而被反擊。

因此，但因腳步踩出去而失去平衡的話，這樣的狀況下打出去的拳擊威力當然會減弱。

空手道中有「步足」的步法，是像走路一樣，一邊前進一邊攻擊。這個攻擊，因為往前的右腳是在地板上滑，所以不會剎住。留在後面的左腳，一直到最後，都是穩定的張開，全身加速，因此這股勁力能傳達到對手身上，成為非常重的打擊。在空手道的實戰中，從這個狀況擊出的拳，衝擊力的最大值和衝量都會增加。

所謂「後腳往前送的拳擊」，正是如同以空手道的步足去打擊一樣的姿勢。但是，因為全身加速需要花費時間，所以在拳擊中，計算時機是很重要的。

1966年出生於美國，是一位職業拳擊手，曾獲世界重量級冠軍，被認為是世界上最好的重量級拳擊手之一，以毀滅性的風格多次擊敗了著名的對手。

⊙ 左圖是用步足一邊讓前足往前滑，一邊不踩剎車的空手道擊拳法

圖表　同手腳出拳，和邊前進邊攻擊的衝擊力比較──最大值F_M

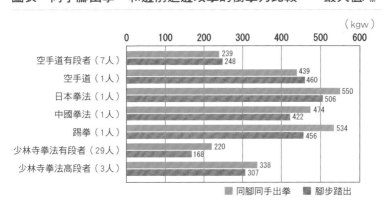

（kgw）

空手道有段者（7人）	239 / 248
空手道（1人）	439 / 460
日本拳法（1人）	550 / 506
中國拳法（1人）	474 / 422
踢拳（1人）	534 / 456
少林寺拳法有段者（29人）	220 / 168
少林寺拳法高段者（3人）	338 / 307

■ 同腳同手出拳　■ 腳步踏出

圖表　同手腳出拳，和邊前進邊攻擊的衝擊力比較──衝量 I

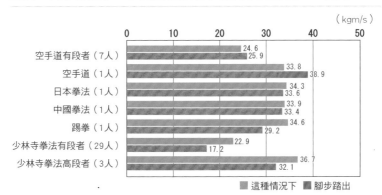

（kgm/s）

空手道有段者（7人）	24.6 / 25.9
空手道（1人）	33.8 / 38.9
日本拳法（1人）	34.3 / 33.6
中國拳法（1人）	33.9 / 33.4
踢拳（1人）	34.6 / 29.2
少林寺拳法有段者（29人）	22.9 / 17.2
少林寺拳法高段者（3人）	36.7 / 32.1

■ 這種情況下　■ 腳步踏出

注1）關於少林寺拳法高段者，因為測定器的固定鬆掉，所以衝擊力的最大值變
　　　低。以其他的格鬥技的衝量來比較即可。

注2）空手道、日本拳法、中國拳法、踢拳的受試者，是一流的大學生選手。

該怎麼運用二頭肌，使出拳速度變快呢？

舉一個容易了解的例子，請試著想像以手肘的轉動打出的反拳吧。把手肘展開的，是上手臂的三頭肌。三頭肌的縮短速度V愈快，肘關節的轉動（正確來說是關節角度的變化速度＝角速度）就會變快。

聽到這個，幾乎所有的人都會意識性的，想讓三頭肌作用發揮到最大極限吧。但這裡有個陷阱，不管何種肌肉的共通性質，就盡全力發揮的時候，肌肉的延展速度 V 愈大，延展力 F 就會變愈小，超過某個延展速度 V_0（空揮最大速度）後，延展力 F 就會變成零。

也就是說，在利用讓肘關節轉動的一開始，三頭肌的出力最大，但隨著肘關節的角速度變大，能使出的力愈來愈小，最後終於力量變成零。當然隨著力量變小，延展感也就是「出力」的感覺也會漸漸減少。

不知道這一點的人，於是**想讓延展感變大而愈用力使勁，結果力量會轉移到讓手肘彎至相反方向的二頭肌，角速度就會減慢**。結果，雖然延展感變大，但是轉動的速度卻變慢。所謂「**以想縮拳（彎曲手肘）的感覺**」就是「**不要對出拳（伸開手肘）的三頭肌的展開感講究**」的意思。

另外，在高速下伸展的手肘，因為很用力的伸展到極限就會受傷，所以肌肉會反射性地踩剎車，因此就能很快速把拳頭縮回來。

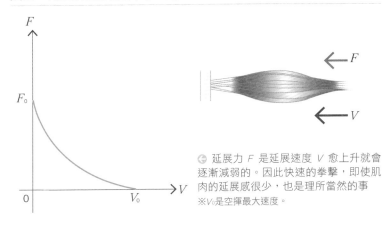

圖表　用全力延展肌肉時，延展力 F 和延展速度 V 的關係

🔵 延展力 F 是延展速度 V 愈上升就會逐漸減弱的。因此快速的拳擊，即使肌肉的延展感很少，也是理所當然的事
※V_0是空揮最大速度。

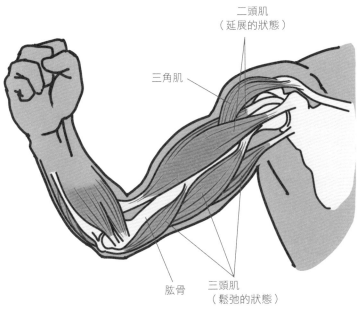

二頭肌
（延展的狀態）

三角肌

肱骨

三頭肌
（鬆弛的狀態）

🔺 讓手肘伸開的三頭肌和讓手肘彎曲的二頭肌。

19 平掌打和掌根打有什麼不同呢？

平掌打和掌根打，都是使用手和前臂，不握拳的高速打法，但力學上的原理卻是大大的不同。

首先，是打中的部位不同。平掌打是用揮動的手掌中央使力，因為手掌的出擊姿勢容易走樣，只能打比較柔軟的物體。此外，手腕的力道無法太強，所以傳達到臉上成為衝擊力的，只有手的運動量。打中對手的瞬間，即使手腕用力，因為會不敵對手臉部的力量而讓手腕翻過去（背屈），所以比手更重的前臂運動量是不太傳得過去的。

用和平掌打很像的掌根打，是以手掌骨頭的根部來打的。手掌根部是由8個手根骨，像2層堆疊的石牆一樣牢固的組合在一起，不容易變形。所以即使只有手的運動量傳到目標的臉上，也比平掌打有更大的衝擊力。因為掌根部在手腕附近，所以前臂的運動量也容易從手腕透過掌根部傳到臉上，更增加威力。

平掌打之中，也有像直拳一樣擊出手臂的招式（在少林寺拳法中稱為「熊掌擊」）。用以攻擊的關節，是細細的掌骨前端，因此支撐拳頭的手腕很容易晃動。但是用掌根打時，**因為強壯的手根部被下方稱為橈骨的粗骨頭所支撐，所以能盡全力的出擊，前臂的運動量不會浪費地傳達過去，所以威力極大。**

另外，平掌打並不是從一開始就要先弄成掌底的型，如果從一開始就先把手指彎曲的話，速度就會減慢。而是在打的瞬間，將手腕翻過來後，利用許多肌肉的作用，手肘也伸直，讓手根部加速。最後手指自然彎曲，成為掌底的型。

熊掌擊

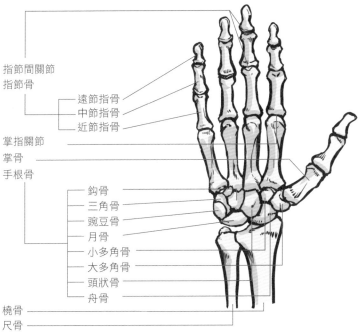

指節間關節
指節骨

　　　　遠節指骨
　　　　中節指骨
　　　　近節指骨

掌指關節
掌骨
手根骨

　　　　鉤骨
　　　　三角骨
　　　　豌豆骨
　　　　月骨
　　　　小多角骨
　　　　大多角骨
　　　　頭狀骨
　　　　舟骨

橈骨
尺骨

20 聽說戴上拳套搏擊不一定會比較安全,真的嗎?

　　幾乎所有允許顏面打擊的格鬥技比賽,都會使用拳套。拳套其實是保護防守方的顏面和攻擊方的拳頭雙方。因為拳套的使用,拳頭和顏面的接觸面積增加,壓力(=衝擊力÷接觸面積)會大幅的減低。

　　但要注意的是,雖然拳套可以提高安全性,但並不能保證在所有情況都是安全的。

　　一般都會認為,拳套覆蓋住拳頭,所以能成為一道有效緩衝,會減低瞬間衝擊力的最大值。但事實上,手臂或軀幹能產生很高的衝擊力。雖然手臂和木棒相比是出乎意料的柔軟,不過位於其最前端的關節骨,即使用拳套包起來,也不可能變成柔軟、無殺傷力的物體。所以要對抗衝擊力,拳套幾乎是沒有緩衝效果的。

　　令人意外的事實是,因為拳頭用了繃帶和拳套來補強,手腕搖晃的程度會大大減少,所以能安心又盡全力的出拳。另外,因為使用了拳套,也讓拳頭的重量增加了。

　　這個結果顯示,**使用愈重的拳套,衝擊力的最大值和衝量也會變得愈大**。在我的實驗中,拳套的衝擊力(請和壓力區別來看)比起空手,明顯的變更大。

　　空手的拳擊若打斷了對方的下巴,勝負明顯成定局。雖然這已經是很大傷害,但是一般認為**因為下巴骨折斷掉而變成緩衝,反而對腦的衝擊會減少**。此外,比起空手,戴著拳套出拳,攻擊方的手並不會有太大的痛感,所以會用全力互打。這個結果,**導致致命傷的腦部損傷的可能性很高**。

圖表　依拳套的重量而衝擊力最大值不同

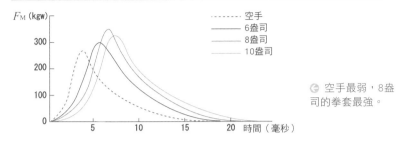

◑ 空手最弱，8盎司的拳套最強。

<table>
<tr><td>圖表　某位一流選手的拳擊衝擊力1</td><td>圖表　某位一流選手的拳擊衝擊力2</td></tr>
</table>

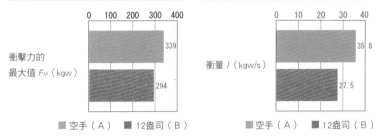

◑ 衝擊力的最大值和衝量都是12盎司的拳套比較大。衝擊力的最大值變成1.15倍，衝量也變成1.3倍。

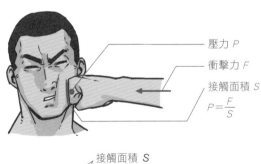

壓力 P
衝擊力 F
接觸面積 S

$$P = \frac{F}{S}$$

接觸面積 S

◑ 雖然空手的拳是在較小的接觸面讓大的壓力發生，但衝擊力仍是拳套比較大。

第
二
章
拳
・
擊
的
科
學

雖然拳擊技有所謂的「短擊」，但能從更短的距離打嗎？

拳擊的近身戰中使用的短擊，拳頭到目標的距離是40～50cm。距離比這個小的時候，就會變成Q13所說明的「反擊直拳」，是作為虛擊的預備動作，先讓拳後縮之後再擊出。短擊的重點是，依雙足的動作讓腰旋轉，帶動肩膀做出大幅度的轉動後，再隨著肩膀動作打出拳擊。在力學上，是把雙足和軀幹的大肌肉群的力量，透過肩膀傳達到手臂後再加速。

只要了解這個原理，就能理解到伸直手臂，是為了釋放出來自手臂的力量，即使距離很短，只要手臂從肩膀的動作得到充分的能量，就能很快地加速。一邊把打短擊的距離縮到30cm、20cm，一邊練習的話，意外的就能體驗打出強力拳擊的經驗。

我本身按這個方法練習，從10cm左右的距離開始掌根打，能打破3片木板。實戰時，即使以打下巴的勾拳相同角度，也不容易被發現，可能以一擊就擊倒對方。

● 寸勁

把這個技法更縮短到一寸（3cm）的近距離就是「寸勁」。李小龍曾把這個稱為「one-inch punch」而實際表演，讓觀眾驚訝不已。一般的寸勁是手臂幾乎伸直，拳頭或手掌從快要貼近目標的地方開始打。如果能以腰的力量加上旋轉的動作，肩也能瞬間性的加速動作，也就能讓伸直的手臂急加速。

圖表1 用各種格鬥技的擊（直拳），擊出的手臂運動能量最大值 E_M，和從肩傳入手臂的能量 E_S

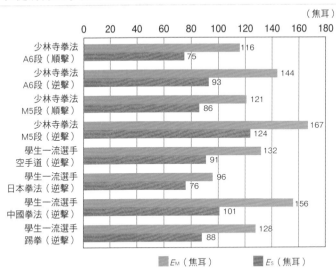

（焦耳）

E_M（焦耳） E_S（焦耳）

圖表2 擊出的手臂的運動能量的最大質 E_M 和從肩流入手臂的能量 E_S 的比 $\left(\dfrac{E_S}{E_M}\right)$

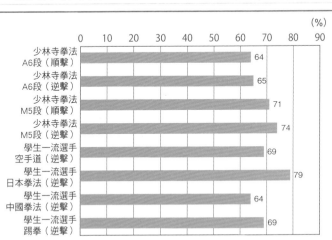

(%)

可了解到手臂的能量，3分之2以上是來自肩的動作。

※順擊＝左直拳
※逆擊＝右直拳
※焦耳是能量的單位（時速144km的棒球的運動能量大約120焦耳）

其實寸勁還有另一個竅門。之前我們一直稱呼為「肩」，但正確來說是指肩胛骨的外側凹陷處的**肩關節**。肩胛骨可向各個方向移動約10cm左右。對距離很近的目標物出拳時，要先讓肩胛骨充分的往前推（外轉），然後靠著腰的轉動，配合軀幹上半部往前縮回肩胛骨（內轉），就能不改變出拳位置，且快速移動上半身。抓住這個時機，讓肩胛骨擊出約10cm的話，就能成為**把軀幹上部的運動量加進來的重擊**。

一般的出拳打中身體後，對方會用腹肌的力量或腹壓來承受。但是這個力量只是一瞬間存在，拳頭不要因此退縮，等對方腹部肌肉放鬆後，再接著用寸勁攻擊的話，就會更深陷進去。寸勁也可能連續打 2 下或 3 下。

● 零勁

比寸勁更近距離，也就是從和對手零距離的接觸打擊技法，稱為「零勁」。我曾請一位名叫池田秀幸的太極拳達人示範這個技法。把對手的「氣」特意的集中在身體的某處，再攻擊該處周邊「氣被抽掉」的無防備處，好像是這個技法的秘訣。

池田先生把手掌緊貼在我的胸前，讓手掌凹進去，做出一點點的間隙的同時，就往上把力量加在靠近喉嚨的胸部上部。

當然，我的意識（氣）集中在胸部的上部，被他的掌根接觸到的部分，成為「空空的無防備」。這個瞬間池田先生看起來是真的很輕的在胸前用掌根打了一下。神奇的是，應該是很輕的衝擊力卻一直滲透到胸部最裡面，無法喘氣。池田先生其實有用零勁擊破磚塊的實力，如果用全力打的話，我的心臟或許就停止了。

肩胛骨內轉和外轉

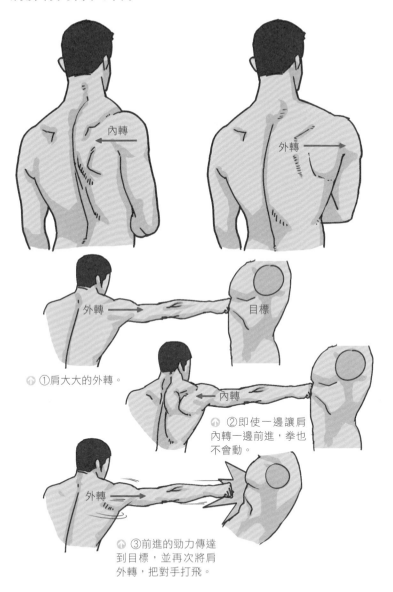

內轉

外轉

外轉　　目標

⬆ ①肩大大的外轉。

內轉

⬆ ②即使一邊讓肩
內轉一邊前進，拳也
不會動。

外轉

⬆ ③前進的勁力傳達
到目標，並再次將肩
外轉，把對手打飛。

22 聽說「從拳頭碰到對手的狀態下快速縮回來」，就能給對手很大的傷害？

空手道的擊，有所謂「從打擊結束開始再給一擊」的技法。這種技法不只靠拳頭或手臂，而是把「往對手方向前進」的全身運動量，全部透過拳頭來傳遞。

就如同在Q01裡說明的衝擊力發生原理一樣，只有朝著目標動的運動量才能變成衝擊力（衝量）。拳打中對方，全身完全停止後運動量歸零，就不會再產生衝擊力了。如同球撞到柔軟的墊子之後，衝擊力就此結束一樣。

同理，撞到牆的球也會很用力的彈回來吧。**撞到牆的運動量，和反彈回來的運動量這兩方，都成為衝擊力（衝量）**。也就如同我們踢到地板後彈跳起來時，在地板上也施加了同樣大的力量一樣。

但目標如果是像身體一樣柔軟的物體，即使把拳頭深深的打進去也不容易反彈回來。因此如果能「用打中對方身體的拳頭，以極快的速度遠離」的話，會產生更大的衝擊力（衝量）。

如果以這個觀點來看，就不難想像，若從拳打中開始「**以拳擊身體後快速縮回**」，就能產生更大的衝擊力。依據大東流的岡本真師傅的表現，就是「想像對手的身體非常的燙，想立刻把手抽開，但一直忍到最極限後再抽開。如果身後有一片牆，全身彈開就像想要把那整片牆打飛一樣。」是相當高難度的技法，但對手真的被打飛了。

① 拳不要握，用彎曲的手指指背觸碰對手。

② 拳一邊握緊一邊打進去。在碰觸到後，只有大約10cm的距離，能讓全身再向前加速。

③ 用拳擊身體，然後往後跳開。想像「拳往前，肩往後」的感覺。

第二章　拳，擊的科學

23 勾拳比直拳更難命中,且容易弄傷拳頭的原因是什麼?

一般認為,完全外行的兩人互毆的話,只能打出有一點點長勾拳感覺的直拳。即便拳擊式的純直拳也是要有相當的技巧,更何況是真正的勾拳或上勾拳,外行人應該是不會用吧。

其理由就以空手瞄準顏面的時候來想想看。

直拳是拳頭(關節)朝目標的臉,筆直的前進。即使對手的臉多少會前後移動,但拳一定會打中臉。**因為人對於攻擊會本能的往後退,因此直拳很容易就能打中。**

但其實,如果對手面對右直拳時,只要臉稍微往(自己的)右邊閃開的話,拳頭的小指側會打中顴骨附近。這種狀況下,因為會變成只有小指骨受到衝擊力的反作用力,所以也有可能會發生骨折。實際上,在醫院觀察類似情況下受傷的X光片後,常常發現這塊骨頭正好斷掉。

勾拳或上勾拳,要讓拳正中目標就變得比較難了。那是**因為比起直拳,更有在瞬間正確判斷出和對手之間距離,並確實地打中的必要。**再加上打勾拳時,如果目標的臉超乎意料的往後躲的話,小指骨就會打到。用上勾拳時,如果目標的臉突然往前的話,會變成從第3關節開始的手指骨(第2間關節和第3間關節之間的骨頭)打中下巴的骨頭,還是有骨折的危險。

在拳擊中,雖然通常會在拳頭綁上繃帶,並使用拳套,但並不能完全防止拳頭受傷。因此外行人用要徒手打鬥不弄傷拳頭,是非常難的事。

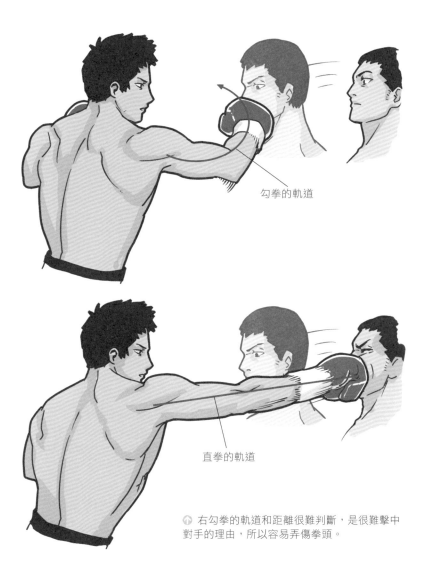

勾拳的軌道

直拳的軌道

⬆ 右勾拳的軌道和距離很難判斷，是很難擊中
對手的理由，所以容易弄傷拳頭。

24 具有摔角背景的選手，為什麼他們的上勾拳很強勁？

　　上勾拳因為手肘的角度幾乎被固定住，手臂動作僅限於上臂（肩關節角度的變化）有變化。但若只有使用到「讓上臂動作有變化的肩部周圍肌肉」來出擊，力量是絕對不足的。必須要像直拳一樣的藉由腰的迴轉，讓肩大大往前飛出去般的，隨著這個肩而擊出上勾拳。

　　左上勾拳是利用加上體重的左肘彈力效果，右勾拳也是在接近的時候使用肘的彈力，讓往上的動作更猛。這是照拳擊的教科書上所教的上勾拳。

　　但是作為第一段的出擊——讓肩部動的方法，不是只有腰的迴轉和手肘的彈力而已。如果想讓背部稍稍往前再迅速彈回，肩部就要配合在打出上勾拳的時機也由下往上移動。這個動作的力量來源當然就是背肌。

　　一般摔角選手能把對手抱住後，往上抬再摔出去，是因為平時有鍛鍊到背肌和手肘的彈力。比起拳擊式的轉腰，更能有力地翻彈背部、使用手肘的彈力。如果能抑制上臂的動作（肩關節角度的變化），以整個身體往上打擊的感覺來打的話，軀幹的運動量也就能傳達，就會成為非常重的上勾拳。

　　而在拳擊規則中不適用的近身戰中，如果用這種上勾拳把身體往上擊打的話，對手除了打擊本身造成的損傷之外，身體還會被打飛起來。

⬆　一邊把彎曲的手肘、前彎
的背伸直往上，一邊擊出的上
勾拳，會成為非常重的拳。

25 打擊腎臟部位，為什麼是相當危險的舉動呢？

　　kidney是指位於腹部最深處，也就是在背部的腎臟。在拳擊用語中的kidney blow指的是不只是打腎臟，還指「打身體背面」的犯規行為，是為了保護選手的安全而設的規則。

　　請試著看看守護內臟的12吋肋骨構造吧。在12對之中，連結成環狀堅固構造的，只有上面的7對而已。其下的3對是柔軟的肋軟骨連結，**最下部的2對則是前端懸空的。**因此心窩下方的側腹如果被打中話，會異常的疼痛，那是因為下部肋骨不能保護的關係。

　　腰部及下背部，雖然在正後方有粗壯的腰椎和較厚的腰背肌，正前方有雄厚的腹直肌，但兩側是肌肉很薄，禁不起打的部位。

　　腎臟是細長狀，拳頭大小，過濾血液中的老舊廢物、產生尿液的重要器官。除此之外，上方還有分泌荷爾蒙的內分泌器官腎上腺。雖然腎臟的上半部被肋骨下部包覆著，但保護下半部的側面的只有薄薄的肌肉而已。從正面被打到的話，雖然能用手肘來擋，**但打到側面及背部的話，手肘沒辦法擋，衝擊仍會傳遞到腎臟。**我問過某位拳擊手，某些選手在扭抱的時候，會試圖躲過裁判的眼睛，在背部連續不斷的犯規毆打，為的就是給對手猛烈的打擊。

　　有這麼一個例子，在學生運動興盛時代，和我一同示威遊行的朋友，回家後因血尿而嚇了一跳，趕緊去看醫生。原因是在激烈的遊行中互相衝突的時候，背部被踢中而傷了腎臟。

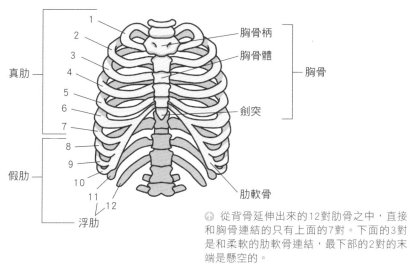

真肋

1
2
3
4
5
6
7

假肋

8
9
10
11 12

浮肋

胸骨柄

胸骨體

胸骨

劍突

肋軟骨

從背骨延伸出來的12對肋骨之中，直接和胸骨連結的只有上面的7對。下面的3對是和柔軟的肋軟骨連結，最下部的2對的末端是懸空的。

腰的斷面。雖然背面有背骨和厚的腰背肌，但靠近側面的部分肌肉很薄。

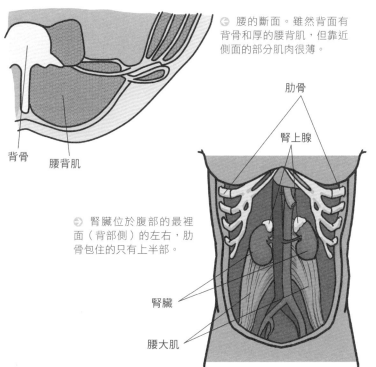

背骨

腰背肌

肋骨

腎上腺

腎臟位於腹部的最裡面（背部側）的左右，肋骨包住的只有上半部。

腎臟

腰大肌

因為漫畫《小拳王》而知名的交叉反擊拳，實際上真的有威力嗎？

Counter是反擊或是逆襲的意思，是配合對手先打過來的拳，再打出反擊的拳。若對手向前靠近的衝勁愈大，就如同自己出的拳速度會相對的變快一樣，威力也會增加。試著以力學來詳細了解吧。

在Q03也曾說明過，拳擊的衝擊力，不只是拳頭而已，還有前臂和上臂，還要再加上軀幹（手臂的肩膀附近）的運動量也會一起被傳達。事實上，以衝擊力的要素之一「重量」來看，比起拳頭，來自前臂、上臂、軀幹的運動量占有更大的部分（圖表）。

以實際測定到的數值來看，對手以秒速2m（2m/s）前進而來時，向對手打出的拳頭速度從7.2m/s變成9.2m/s，增加28%，而上臂從3.8m/s變成5.8m/s也增加53%。再加上前臂和軀幹的全身運動量，也就是傳到對手身上的衝量（單位是kgm/s），也從30.5變成47.9增加了57%。

關於衝擊力的最大值，雖然無法正確的計算，但是一般認為隨著衝量的增加，應該會增加很多。因此反擊有威力的原因是：**對手踏向前來的速度愈快的話，就會變得愈「重」（身體）、愈「猛」（顏面）。**

反擊還有一個效果，就是對手一心一意想攻擊，會疏於防守一事。cross counter（交叉反擊拳）顧名思義，是兩者的手臂cross（交叉）。舉例來說，對於不是輕輕的刺拳，而是真的打過來的左直拳，可以用右直拳反擊。因為**對手以為自己的拳打中了的瞬間，卻反而被從他自己的手臂外面過來的拳打中，順利的擊中的話，也有一擊就KO的可能。**

《小拳王》（あしたのジョー）是由高森朝原作，千葉徹彌所繪的著名日本拳擊漫畫。

圖表　一般情況和反擊時的拳擊威力比較

速度（m/s）之差

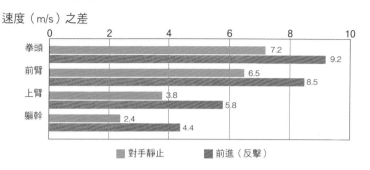

	對手靜止	前進（反擊）
拳頭	7.2	9.2
前臂	6.5	8.5
上臂	3.8	5.8
軀幹	2.4	4.4

■ 對手靜止　　■ 前進（反擊）

運動量（kgm/s）之差

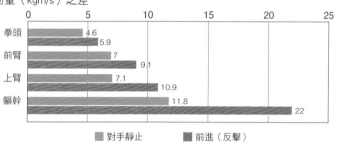

	對手靜止	前進（反擊）
拳頭	4.6	5.9
前臂	7	9.1
上臂	7.1	10.9
軀幹	11.8	22

■ 對手靜止　　■ 前進（反擊）

衝擊力・全衝量（kgm/s）之差

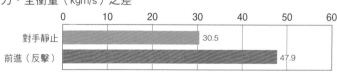

	值
對手靜止	30.5
前進（反擊）	47.9

衝擊力・最大值（kgw）之差

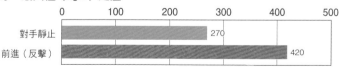

	值
對手靜止	270
前進（反擊）	420

◆ 速度、運動量、全衝量、衝擊力的最大值，不管哪一個都是對手前進（反擊）時比較大。另外，反擊的攻擊，是對手向前的速度愈快就會變愈強。

※拳頭、前臂、上臂的質量（重量）是從體重推定的。
※軀幹的質量和速度因為會依技法而改變，所以使用了理論上有可能的數值。
※衝擊力的最大值420kgw，是假設衝擊力的最大值是和全衝量成正比時的數值。

著名的「薩摩亞勾拳」是什麼呢？

上勾拳也是如此，因為勾拳和直拳不同，只要對於和目標之間的距離稍稍沒算準確的話，是無法輕易打中的。特別是右勾拳，雖然打中的話威力很大，但是因為和對手距離很遠且動作很大，因此很容易被看穿。若目標是對手的身體，要降低重心前彎，比起對顏面的勾拳，容易變成更大的揮拳動作，也有容易被對手用左肘擋下來的缺點。

另外，因為打勾拳時，**拳頭是往側邊先揮出之後再打，顏面形成無防備的瞬間，光是這樣就有被反擊的危險**。在近身戰或連打中，當成短勾拳來使用的話就另當別論，但想用突然飛過去的右勾拳來提高效果是很難的。

曾在K-1 很活躍的選手Mighty Mo，曾以名為薩摩亞勾拳的右長勾拳，將韓國巨人崔洪萬KO，就是以右勾拳勝出的漂亮一戰。

用慢動作觀看Mighty Mo選手的勾拳影像，發現雖然左足大大往稍微左側前方踏出，但右拳停留在原本的位置，剛開始幾乎沒有動。而踏出去的姿勢是以右拳大大往右側揮出的形式，是勾拳原本的預備動作。

因此對手即使有看到Mighty Mo踏進自己的右前方，但因為右拳完全沒有動，所以沒預感會打過來，沒想到突然勾拳就飛過來了。因為這樣反應慢了半拍，不要說是反擊，就連防守都來不及，正面被擊中就被KO了。薩摩亞勾拳，真可說是只有頂級的個性派選手才打得出的勾拳吧！

K-1是日本一個以重量級為主的格鬥比賽，於1993年創辦，目前已成為世界格鬥界的代表品牌，也是格鬥界所有選手們所嚮往的最高榮譽的舞台。

⬆ 右勾拳因為是從右
邊揮拳，所以顏面會
空空的沒防備。

⬆ 往身體的右勾拳容
易被用手肘擋下來，
再加上大大的揮動，
容易被反擊。

28 為什麼空手道的正拳跟拳擊不同，必須「夾緊腋下」呢？

空手道的正拳，和拳擊的直拳在基本上是一樣的擊法，但也有大大的不同點——最基本的「收緊腋下」是必要的。

第1個理由是，預備動作和拳頭扭轉方式的不同。直拳是把拳頭放在下巴的前方，但空手道的正拳是放在腰上方（拳頭的高度因流派而異）。而擺在腰上的拳頭，一開始手背往下，再像是把手背往上一樣的一邊扭轉一邊打出去。

實際做做看就能了解，如果不把「腋下收緊」，拳頭扭轉時，肩膀或手肘會浮起來，拳頭就不能往正面筆直的打擊出去了。

第2個理由是，往目標擊出的瞬間姿勢不同。直拳是在預備動作時，將肩部大大地往前推出，讓身體迴轉；但正拳是身體只轉到正對著目標即可。而握在腰上的拳，因為距目標很遠，所以要縮短時間趕快打出去。

正拳的最後姿勢，也就是擊出的手臂，是和做握拳伏地挺身手臂伸直時幾乎一樣的動作。在正拳的最後階段，要把手背往上翻轉過來，才能讓手臂強力的伸出去，也能承受住從目標反彈回來的反作用力。

那麼，說到為什麼拳頭要以扭轉的方式才容易使勁呢？和拳頭一起，肱骨也會一起扭轉，而因為讓肱骨往前推出的胸大肌，是「收緊腋下」扭轉的話，力量比較能出來的身體構造。

⬆ 拳擊是把放在下巴前的拳頭，一邊大大迴轉身體一邊打出去。

⬆ 空手道是把放在腰的拳頭，在身體轉到正對目標時打出去。

肘擊的為什麼有「肘鐵砲」之稱呢?

「肘擊」在泰拳中是有力的技法,也有選手會在比賽最後一回合想要逆轉勝,而不斷用手肘揮打。另外,在K-1或極真空手道裡,肘擊是被禁止的。一般認為是因為肘擊力道太強,被擊中的話會馬上血流如注,在運動性的技鬥技是很難被認可的。

肘擊是用手肘,也就是用前臂的尺骨根部和肱骨連接,因此是以又粗又堅硬的部分來打。手肘比掌根更硬,且揮動的速度又意外的快,因此在我的測定中,**和直拳相同程度,有時甚至會超過**。因為肘擊沒有像直拳的手腕一樣會搖晃的可能,手臂全體的運動量可確實又容易的傳達,所以衝擊力的最大值變很大。

就像所謂的「肘鐵砲」一樣,除了能把手肘往正側方擊出之外,手肘還能畫圓由下往上打下巴。對於顏面或身體,可以水平方向往前打,再變形為往上揮之後,瞄準對方防守的間隙,再往下打太陽穴。還有在上臂以垂直的姿勢,直接抱住對手的後頭部……等等如此多樣化的使用法。

擊中顏面(頭部)的當下,薄薄的皮膚和表情肌、血管等,被夾在手肘骨頭和臉的骨頭之間,**就像是放置在石頭做的平台上用石棒去敲打薄薄的肉一樣**。特別是手肘以擦搓的角度打中顏面的話,皮膚會被切開。另外,也常有打到太陽穴而大量流血,比賽立即中止的事。

抓住對手的手臂,一邊靠近一邊用肘鐵砲來打側腹等,是在中國拳法裡也看得到的實戰性的肘擊。

圖　肘的構造

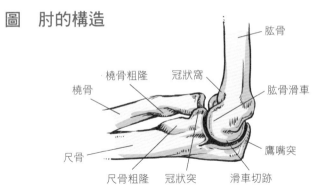

肱骨

橈骨粗隆　　冠狀窩

橈骨

冠狀窩

肱骨滑車

尺骨

鷹嘴突

尺骨粗隆　冠狀突　　滑車切跡

圖　泰拳和空手道的肘擊都很多樣化

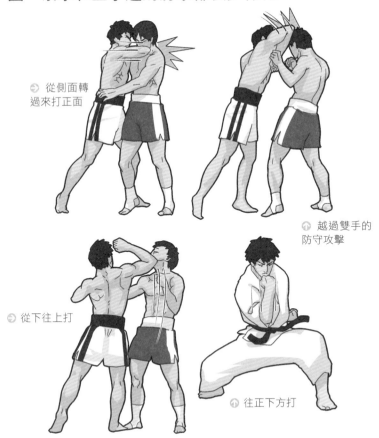

➲ 從側面轉
過來打正面

⬆ 越過雙手的
防守攻擊

➲ 從下往上打

⬆ 往正下方打

第3章 踢・腳踢的科學

為什麼使出強力迴旋踢時，手腕會以逆向擺動？

　　雖然有點難，但是請記住「角動量」這個名詞，意思是物體的「迴轉運動量」。物體愈重，離迴轉軸的距離愈遠，迴轉速度愈大，角動量就愈大。角動量只要不受到從外部施加的力距（指迴轉力），大小就不會變，此稱為**角動量守恆定律**。

　　有一個簡單的實驗可以說明，請坐在旋轉椅上雙足懸空，雙臂左右強力的揮動看看，腳會以雙臂相反的方向迴轉吧。這是因為雙臂向右迴轉的話，就會產生右旋轉的角動量。椅子如果沒有受到外部施加的力距，整體的角動量會保持為零。所以腳會向相反的左邊迴轉，來抵消雙臂右迴轉的角動量，讓它回歸為零。

　　右旋踢也是一樣的原理，右腳和上半身把左腳（軸足）當成迴轉軸，向左迴轉。在迴旋踢的動作中，如果左腳踮著足尖站立的話，因為沒辦法在地板上扭轉，所以施加在身體的外距力幾乎是零。和坐在旋轉椅上一樣，全身的左迴轉的角動量是零。

　　接著把雙臂往右揮動後，為了抵消這個角動量，右腳和上半身就會加速，往相反的左邊迴轉。若把雙臂大大的伸直（把到迴轉軸的距離拉大），愈是用高速揮動，就會變成愈強的迴旋踢。

　　要注意的一點是，雖然右臂伸直後揮動是最自然的反應，但實際的迴旋踢中，為了避免顏面沒有屏障，左手會防禦性地放到臉前面的位置。

← 坐在旋轉椅上，雙手往側邊揮動，椅子和雙足會向反方向迴轉。

↑→ 全接觸空手道和泰拳的全力迴旋踢，手臂和腳會往反方向迴轉。

為什麼常常看到「右直拳後接著右迴旋踢」的連串動作？

這也是角動量守恆定律的應用，也就是利用「一度開始往某個方向迴轉的物體，想以相同的勁力繼續迴轉」的組合招式。右直拳上半身會往左迴轉，右手臂雖然也是筆直的往前進，但因為從迴轉軸（通過腰中央的直向線）來看是在右側，所以在物理上被視為左迴轉的運動。

一邊打出右直拳，一邊把踏出去的左腳稍微偏左側著地後，再用這個左腳當迴轉軸。從這個新的迴轉軸來看，把全身往前踏所產生的運動量，也擁有左迴轉的角動量。**把這個角動量傳達到右腳，應該就能讓右迴旋踢更順利的踢出去。**

運用相同原理，**從身體左側出發的迴旋踢或長勾拳，到右側的後旋踢，這種組合招式也很有威力**。但是，踏出去的左腳要往前方稍微靠右著地這一點必須掌握住。

後迴旋踢因為在背向對手的時候容易顯露出破綻，所以重點是要盡量把這個時間縮短。就像花式滑冰的選手，會把伸直的手腳縮回來，再開始高速迴轉一樣，手腳收回來的話，就能快速迴轉。

在空手道比賽中，甚至可看到連續4次的左迴旋踢和右後旋踢。因為是同一方向的迴轉，所以只要勤加練習，的確是可以辦到的！

⬆ 從正上方看右直拳的圖。前進踏出的動作 **1**、軀幹的左迴轉 **2**、擊出右直拳的手臂 **3**，如果從前腳著地點 A 來看的話，全部都擁有左迴轉的角動量 **4**。

⬆ 從上方看右迴旋踢的俯視圖。把角動量 **4** 變成右迴旋踢必要的迴轉 **5**。

⬆⬇ 把左迴旋踢的右迴轉角動量，利用到右後旋踢上。

傳說中的「顫慄的巴西擊踢」，有什麼強大的威力？

　　上段踢的目標，是距足部最遠的頭部。如果不把腳張開至接近180度的劈腿（又稱為股關節外轉）姿勢，是辦不到的。這時股關節的內旋很重要，這個情況的內旋，和跪坐的時候，臀部落在兩腳之間時的動作一樣。上段踢比起劈腿程度較小的下段踢或中段踢，是很難的技法。除了姿勢較困難，衝擊力也會減弱，但因為打到的目標是脆弱的頭部，所以殺傷力變得很大。

　　初學者練習上段踢的時，腳要直線式的往頭部移動。因為如果對手用前臂防守的話，因為斜向的踢不會有威力，對手能輕鬆防守。愈是上級者，腳愈能從頭部的正側方、並且稍微上面的地方往下踢。藉由把膝蓋抬高、股關節的內旋，將膝蓋從前端來畫圓一樣揮動。

　　請試著親身體驗看看股關節內旋的效果吧。請把右膝舉起，使小腿呈一個「一」字型，然後小腿筆直的朝著地面（膝蓋在上、腳踝在下），這就是前踢。而股關節內旋的話，小腿就會往右側方向上抬，把膝蓋伸直的話，就成了迴旋踢。

　　再把小腿朝上方（腳踝在上、膝蓋在下），內旋之後再伸直膝蓋的話，就變成巴西踢擊了。實際上，從軸足到腰（骨盤）的動作也很重要，但如果不是**股關節超乎柔軟的人，是沒辦法踢的。**

　　進軍K-1的Glaube Feitosa，這位頂尖選手的「戰慄的巴西踢擊」特別有名。腳踢出去後，都能準確地從對手正上方打下來，若以一般的防守方式，幾乎都逃不過這個攻勢。

普通的右上段踢

抬高膝蓋後，用股關節的內旋，
從膝蓋前端像畫弧線一樣的揮
腳。

右巴西踢擊

膝蓋往上抬之後，再把膝蓋朝下讓
股關節內旋，腳踝就會自然往上
舉。再把腳往下踢的話，腳就會從
對手的頭部正下方往下壓。和普通
的踢法混合使用的話，因為前半段
的動作很類似，所以對方會一時不
知該怎麼應對。

33 膝擊威力強大的原因是什麼?

　　膝擊有各種方式,但都是以膝蓋來擊中目標。膝蓋是比手肘堅硬的部位,也是人體最大、最堅硬的大腿骨前端,能像槍一樣的突刺。所以攻擊力十分強大。更具有威力的是,能勁力十足的撞擊顏面等的「飛膝擊」。

　　因為全身的運動量透過很硬的大腿骨來傳遞,所以衝擊力的最大值和衝量都變得非常大。因此過去澤村忠選手的「真空飛膝擊」或是K-1的Remy Bonjasky的「Flying Knee」都很知名。

　　即使不是整個身體的大動作,但只要是讓腰椎急速挺出,用**大腿骨來攻擊,就能產生在力學上很接近飛膝擊的威力。**這個時候,要盡量彎折膝蓋,讓小腿和大腿骨保持接近平行的程度,衝擊力就會增加。理由和接下來要說明的膝擊一樣。

　　膝擊方法是類似所謂的「箍頸」,抱住對手的脖子,往上踢對方變成前傾的身體。因為大腿骨伸展的方向和踢出的方向大大的不同,所以不能「用大腿骨來踢擊」。

　　取而代之的,是用膝蓋往上踢,小腿和足就能很有勁力的踢動。為了把這個部位的運動量傳達到目標,**重點是小腿請像槍一樣的突刺目標。**請格外注意膝蓋的彎曲角度。如果這一點忽略了,就會變成又像推,又像敲一樣的半調子膝擊。

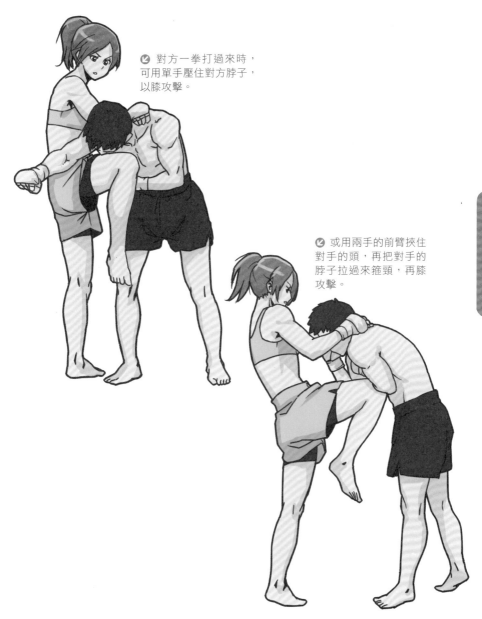

◔ 對方一拳打過來時，
可用單手壓住對方脖子，
以膝攻擊。

◔ 或用兩手的前臂挾住
對手的頭，再把對手的
脖子拉過來箍頸，再膝
攻擊。

聽說「迴旋踢是從胸部伸出一雙腳來踢對方」，為什麼會有這樣的說法？

在Q68也會解說，拳擊是讓肩高速動作，也就是「從肩就開始有連帶動作」，絕不是只有用手臂打擊而已。在迴旋踢時，相當於肩作用的，是踢腿的股關節。標準動作是以軸足的股關節為中心，讓骨盤迴轉，往踢腿的股關節的方向轉動，隨著這個動作讓踢腿揮出去。**骨盤不動的踢，就和肩不動的拳擊一樣，完全沒有威力。**軸足的翻轉（外旋）這點非常重要，因為藉由這個動作，可讓踢腿的股關節動作變得更大。

在揮動雙節棍的時候，2 根棒子連接的部分，是完全無法使力的。以雙節棍來舉例，只有握住棒子這一端的手，是力量的來源。而握住棒子的手就相當於踢腿的股關節。

踢腿和雙節棍不同的是，相當於連接點的膝關節，是能出力的點。股關節的動作和膝關節伸直的時機能配合的話，踢腿就能有超過雙節棍的強力揮擊。

迴旋踢中起作用的，不只是雙腳肌肉而已。從腰椎和骨盤把大腿骨拉高的腸骨肌也很重要。而且為了一邊取得平衡一邊移動骨盤，連結骨盤和肋骨的腹肌（腹直肌、腹外斜肌、腹內斜肌）及背肌群也一起作用。也就是說，**從胸以下的肌肉大部分都會運用到。**再加上，利用使骨盤回復正常位置的動作，踢出上段踢的瞬間，踢腿的股關節，就會到達幾乎和胸一樣的高度。

所以，就以「讓腳像是從胸部冒出來一樣」的印象，骨盤快速的動，就能踢出具有威力的迴旋踢了。

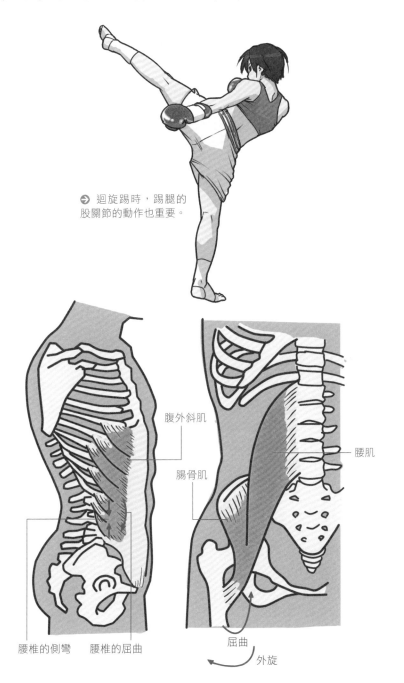

迴旋踢時，踢腿的股關節的動作也重要。

腹外斜肌

腸骨肌

腰肌

腰椎的側彎　　腰椎的屈曲

屈曲

外旋

91

已故安迪‧胡克選手最華麗的招式「下壓踢」，究竟有多大的殺傷力呢？

下壓踢是腳伸到最極限，高高的抬到頭上再壓下來。因為堅硬的腳跟勁力十足地踢中顏面，理所當然的，衝擊力很大又十分具有威力。即使沒能踢中顏面，僅僅敲中鎖骨的話，也會成為相當大的傷害吧。

和下壓踢的動作，以及瞄準目標都很像的手部技法，是高高的往上揮之後，再往下打的正面手刀打法。因為動作很大，所以即使是初學者也能簡單的防禦。對於右手刀的正面攻擊，可以把右前臂的指尖朝左上45度，一邊往正上方舉，一邊向左斜前方踏出腳步，就能閃開手刀的軌道，繞到對手的背後。

下壓踢比正面手刀的動作更大，更容易被識破，因此要高明的使用。雖然下壓踢看起來只是把腳筆直抬高，再往下壓下來的往返運動，但安迪‧胡克的下壓踢，卻還靈活運用出直長的橢圓軌道。用右腳踢的場合，就把腳往自己的左邊抬高，以畫直長的橢圓軌道來動作，讓腿動的方向改變到右邊。

這個和朝著前方後旋踢的後半動作很相似。中國拳法的「擺腳」就是使用這個踢法，用腳跟或足部的小指側踢顏面，聽說動作很大反而不容易看得出來。此外，亦有變化為膝蓋彎曲直接往上抬之後，再用腳跟下壓的技法。

下壓踢是讓人出乎意料，可以偶爾使用的技法，如果常濫用，馬上就會讓人眼熟看穿的。所以安迪‧胡克選手或許是為了回應觀眾的期待，而常常使用下壓踢吧。

安迪‧胡克是一名已故的瑞士空手道家。

從內向外回轉

像後旋踢一樣的
把抬高的腳下壓

↑ 中國拳法中也有和下壓踢很像的技法。因為足尖不用停止
就能踢，所以比單純的踢上去→停止→往下揮更有威力。

「迴旋踢360度轉一圈」和「踢到就收回」，在比賽中哪種較有利？

　　在全接觸空手道或泰拳中，迴旋踢如果被躲開，就會直接轉一圈，這就是「360度轉一圈」的技法。踢中對手的部分是小腿的骨頭（脛骨）或是腳背。在傳統空手道裡，動作的後半是腰或膝蓋不太動，只將膝蓋轉動後猛烈的踢，讓上足底（腳趾翻起後的足尖）踢目標，踢完腳馬上就收回來。少林拳法也和傳統空手道有很類似的踢法，都是為了避免踢出去的腳被抓到，所以馬上縮回來。

　　只從衝擊力來看的話，對於全接觸空手道或泰拳，**腰完全迴轉，用小腿來踢是最有利的**。上段踢的動作，即使只是足背擊中，也十分有威力了。用膝蓋轉動的踢法，因為是面積小的上足底踢中，所以**即使全體的衝擊力比較小，也有壓力集中的效果。**

　　但對於不能用力打擊對手（特別是顏面，即使是輕輕的打擊，也算犯規會被奪權出局），也就是所謂的「踢到就收回」的空手道比賽中，「360度轉一圈」的招式完全派不上用場。

　　那麼，哪一種踢法在實戰中最有利呢？先不管規則如何，傳統空手道或少林寺拳法，是對下陰、眼睛的攻擊，還有防範對手抓或摔等情況，都下足了工夫研究。但在全觸空手道或泰拳中，這些是被禁止的。因此傳統空手道或少林寺拳法的選手，即使在全接觸空手道的比賽中輸了，也不能說在實戰時很弱。

　　舉一個相反的極端例子，即使是全接觸空手道的冠軍，如果依照「轉一圈」的規則的話，也幾乎無法得勝吧。因此踢法的優劣，只能說是依實戰的狀況或規則不同而已。

↑ 少林寺拳法的迴旋踢是使用膝蓋的轉動。傳統空手道的迴旋踢也是用膝蓋轉動來踢，以上足底（腳趾後翻的足尖）來踢目標。

↑ 泰拳的迴旋踢。被對手閃過之後，還是會直接轉一圈回到原點。

傳統空手道的前踢跟泰拳的前踢，有什麼不同？

空手道或少林寺拳法的前踢，是讓膝蓋轉動，以上足底（腳趾後翻的足尖）來踢中目標。最開始是把膝蓋抬高，但目標（下陰、心窩、顏面）愈高，膝蓋的位置也愈高。反過來說，也會因膝蓋的高度，而被看穿目標的弱點。假設一開始，以右前踢的膝蓋高度判斷「對手目標是瞄準顏面」，在往左閃開時，也許對手大腿內旋，就變化為在Q36所說明的迴旋踢，而往太陽穴踢過來了。

這種類型的前踢（稱為類型1），**因為是足尖以膝蓋為中心畫圓，所以是膝蓋伸到最極限後再往上踢**。對手只要上半身往後仰就能簡單躲過，效果大幅下降。

類型1因為能快速地踢，所以很適合用來踢下陰部（用足背踢中），因為對手即使往後仰也躲不過。另外，在對手往自己身體一拳打過來時，往前傾的瞬間，也能配合使用。

在傳統空手道裡，也有把對手出拳的手臂順勢拉過來的技巧，如果令對手姿勢往前倒而失去平衡，趁其不備而踢顏面的話，效果極大。少林寺拳法中，也有用扣住手腕的關節技，讓對手前傾並按壓住，變成容易踢的半駝背姿勢後，來踢對手心窩的技術。

只允許基本打擊技的泰拳中，使用膝蓋轉動的前踢，就如上述一樣的容易被閃開，被認為沒效果而不使用。

也有人舉出，是因為用上足底踢的時候，如果被用手肘擋下的話，腳趾容易痛的理由。

⬆ 使用膝蓋轉動的傳統空手道前踢。對手上半身往後仰就可輕易躲開

⬆ 膝蓋舉高之後把對手踢開的泰拳前踢

泰拳的前踢（稱為類型2），是將膝蓋高舉，一邊把腰往前推出去，一邊伸直腳往前方踢出去。也有不是用上足底，而是用腳底踢中的情形。對手用拳擊或腳踢攻擊過來時，把對手推開，是為了保持有利的伸展空間。

　　曾得到K-1冠軍的選手Semmy Schilt，因為身高超過200公分，所以需要較大的對打空間。如果對手想縮小空間，他就用前踢把對手推開，不讓對手輕易的跳進來。這個前踢因為很有「重量」，不經意的被踢幾次，就會造成損傷。

　　例如，曾有日本的頂級選手顏面被泰拳的前踢打中，造成唇部裂開的事。因此以防禦為目的的前踢，偶爾也能帶來很大的傷害。

　　4種格鬥技中，關於一流學生選手的前踢衝擊力（最大值和衝量），試著以不同的踢法來看看其中的不同吧。其中因為中國拳的踢法很獨特，所以選了和前踢最接近的技法。也將迴旋踢的資料提供參考，但這些迴旋踢，全都是用全接觸空手道或泰拳的踢法來踢的。

　　以整體來看，類型1的前踢和迴旋踢的衝擊力，沒有明顯的不同。前踢的類型1和2的衝量，在3種格鬥技中，類型2比類型1更大，特別是在空手道和踢拳方面，出現了很大的差異。空手道的類型2，是用包含腳跟的腳底整體去撞擊的踢法，衝擊力的最大值也比種類1更大。踢拳的種類2，衝擊力的最大值只有種類1的大約一半，但衝量卻和空手道的類型2幾乎相同。這個衝量如果是體重70kg的對手，計算起來，要用秒速2.5m（時速9km）才能推開，十分有效。

圖表1　依不同格鬥技，前踢和迴旋踢的衝擊力的最大值

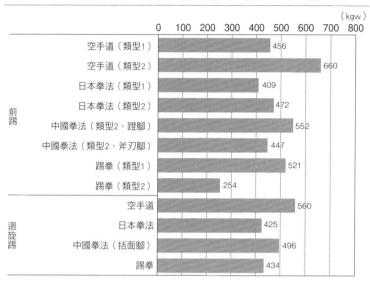

※空手道的種類2的前踢，衝擊力的最大值非常大

圖表2　依不同格鬥技，前踢和迴旋踢的衝量

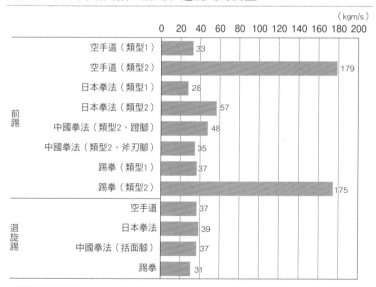

※衝量是空手道的類型2和踢拳的類型2的前踢特別大

請傳授膝擊對手前，把對方抓住的「箍頸」動作？

　　泰拳的膝擊，雖然是也具有破壞內臟程度的強力攻擊，但因為只要用上半身後仰的後甩背姿勢，就會被躲開，所以大多都會用和踢腳同一側的手，壓住對手的後頭部，一邊拉過來一邊踢。如果用兩手的話，就更不會被對手逃掉，能破壞對方的體勢再來踢，這就是箍頸。

　　一邊把對手拉過來一邊踢的話，相對速度就會增加，膝蓋的速度也會增加。和對前進中的對手出反擊拳一樣，十分具有威力。

　　雙手從對手後頸扣住頭部，像是把雙肘合在一起一樣的夾住。不只是單純的拉近，有經驗的選手還能再用前臂把對手的鎖骨壓住，作為槓桿的支點，把脖子以向前彎的方向施力。因為脖子一前彎，就會有所謂的頸反射，背肌等肌肉為了抵抗拉力，身體向後仰的力量就會變得很難使出。

　　即使這樣，還是努力掙扎的對手，可以利用步伐讓雙腳變成一前一後打開的姿勢，再讓身體突然下墜，只用前足支撐這個體重，使全身體重壓在對手身上一樣的強制拉近對手。在K-1也很活躍的選手Buakaw，用這個方法，鉗制住強敵，瞬間摔出去。我在練習會中對黑帶試了這個方法後，曾被抱怨說弄痛了他的脖子，可見力道十分強大。

　　在泰國的訓練場中，懸垂運動10次為一組，每天必須做10組以上，目的是用箍頸來徹底鍛鍊拉扯對手的力量。另外，必須相互用箍頸的姿勢，有時30分鐘不休息，以持續破壞箍頸姿勢的訓練。泰拳出身的拳擊選手，對於抵擋被鉗制有很強的能力，就是因為用箍頸鍛鍊出來的。

⬅ 用和踢出的腳同一側的手，壓住對手的後頸部。避免對手逃脫是重點。

⬆ 只是單純的拉住也可以，但如果把對手的鎖骨當支點，往箭頭方向用力把脖子往前彎曲的話，更有效果。

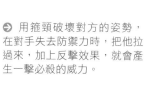

⬆ 把腳前後打開像壓在對手身上一樣的，把全身體重壓上去，像是轉動後腳般的一邊拉一邊揮動。

➡ 用箍頸破壞對方的姿勢，在對手失去防禦力時，把他拉過來，加上反擊效果，就會產生一擊必殺的威力。

如果被對方「箍頸」，又眼見將被膝擊了，這時該怎麼辦？

K-1比賽中不允許抓住脖子的膝擊攻擊。實際上，從箍頸開始的連續膝擊，對泰拳以外的選手，的確都有可能造成很大的傷害。但是，不管是什麼攻擊技，一定會有防禦法或反擊法。

首先，對手向前抓脖子時，能**用肘擊來反擊**。實戰時，對顏面用頭擊也很有效。

但若反擊沒成功，就會變成被箍頸的姿勢了。更糟糕的是，因為害怕膝擊，而想要縮腰往後逃這件事。為什麼呢？因為一旦縮腰使身體往後的話，自然就變成前傾的、較易受到攻擊的姿勢，而且製造了可以踢出膝擊的空間出來。因此，不要想逃開，要設法讓空間消失，**改以上半身後仰和對手緊貼著**，如此一來對手就不能用膝擊攻擊了。

對手應該會試著向退後，或是扭轉身體，利用離心力來製造出空間。這時只要小心脖子不要前彎，一邊保持將上半身後仰緊貼對手的姿勢，一邊趁隙把自己的雙手卡進對手的雙肘之間。

攻擊側會把雙肘夾緊，因為預測到會被這樣反擊，但在互相纏鬥之中，如果對手重心稍有不穩，就會產生破綻了。這時只要成功把雙手插進去，就能以手腕為支點，撐開雙肘，把對手的手臂推開，**反而能由自己來箍頸再膝頂攻擊**。

如果是沒有規則的打鬥，為了避免對手箍頸後用肘擊或膝頂，要緊貼著對方，抱著腰往上抬向後倒，像柔道的大內刈一樣的把單腳插入對手雙腳之間，再從內側勾對手同側的腳，就能有效絆倒對方。

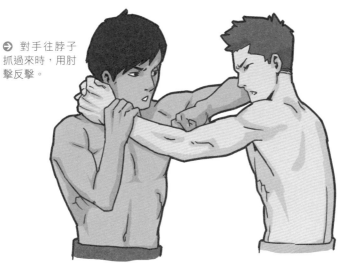

➡ 對手往脖子抓過來時,用肘擊反擊。

⬆ 像右側的選手一樣,不要讓對手製造出踢出膝頂的空間般的後仰緊貼對手,從內側把雙手卡進去。

⬆ 像右側的選手一樣緊貼對手的話,就不會被膝頂打中。

40 對手踢過來時，如果從膝蓋擋下來，等於是「狠狠地」還了他一腳？真的嗎？

這個問題要用解剖學的原理，才能了解如何讓踢腿的膝蓋突然停住。

把膝蓋伸直、前屈（股關節屈曲）的話，大腿後面的肌群（腿後肌）會有伸直到底的疼痛感吧。因為腿後肌有讓膝蓋彎曲的機能，和以股關節為中心把膝蓋往後送的機能（軀幹的後屈＝股關節伸展）。

例如前踢時，若要讓用力快速抬高的膝蓋停下來，就會使抬高的膝蓋往相反方向下拉的肌肉，也就是腿後肌就會產生作用，但結果會因膝蓋彎曲的機能，**讓膝蓋伸直的速度減慢**。

少林寺拳法的前踢中，膝蓋幾乎彎成直角的狀態下，把膝蓋舉高到和大腿變成水平，瞬間停止膝蓋的動作。緊接在這之後，腿後肌沒有起作用的狀態下，重新藉由股四頭肌的作用，讓膝蓋轉動，來踢下陰或心窩，或是變化為迴旋踢來踢側腹。

瞄準頭部的上段踢，「猛」很重要。因此膝蓋要彎得很夠再開始踢，快踢中前膝蓋動作停止，同時再急速伸直膝蓋讓足尖加速的踢法很常見。但是，膝蓋突然停止，並不會讓足尖加速。

以一個力學現象來說明：人從靠近岸邊的小船跳到岸上，小船會受到一般逆向力量，而減速或停止。和這個情形一樣，利用股四頭肌讓彎曲的膝蓋急速伸直，足尖（相當於人）朝目標急加速的話，大腿（相當於小船）會受到逆向的力量而停止。所以**膝蓋的急速停止，是足尖加速所產生的結果**。

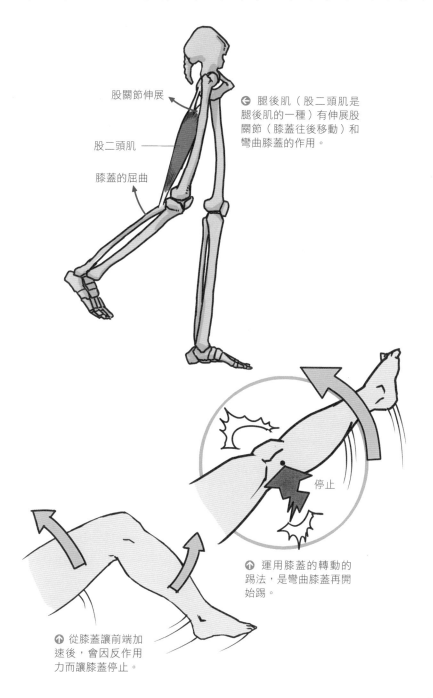

股關節伸展

股二頭肌

膝蓋的屈曲

⬅ 腿後肌（股二頭肌是腿後肌的一種）有伸展股關節（膝蓋往後移動）和彎曲膝蓋的作用。

停止

⬆ 運用膝蓋的轉動的踢法，是彎曲膝蓋再開始踢。

⬆ 從膝蓋讓前端加速後，會因反作用力而讓膝蓋停止。

泰拳為何被公認為「最強的格鬥技」?

一般只要提到泰拳,就會想到「迴旋踢」,據說那是經過500年或是800年的長久歲月,不斷研究的珍貴心得,所以極符合力學原理。

首先,用左膝踢中對手的左邊身體,但是膝蓋是稍稍伸開的狀態。以大腿和腰為中心的軀幹的運動量會被傳達過去,給予相當大的衝擊力。但是因為膝蓋伸直,所以下腿的運動量幾乎不會傳達過去。結果下腿只是像普通的迴旋踢一樣,一邊往目標的身體移動,因為踢出的膝蓋自然的會急停下來,下腿的前端就會急速加速。

這個時候,為了讓膝蓋停止而拉回大腿的肌肉,也就是彎曲膝蓋的腿後肌完全不會用到。如果就這樣持續的伸直膝蓋的話,膝蓋的伸展方式會變快。就這樣,變成高速的下腿前端附近,會踢中對手右邊身體。即使對手一開始用手肘擋下對左邊身體的膝頂攻擊,但膝蓋急速停止的這一點是相同的。那一瞬間就可以讓膝蓋轉動有效作用的踢出迴旋踢擊中對手右邊的身體。

預測會被膝頂的對手,不管有沒有用手肘擋,都會把意識集中在左邊身體,準備接受衝擊。而緊接著迴旋踢就擊中對手意識沒有集中的、也就是無防備的右邊身體。這就是一記完全「無預感」的踢,能給予超過實際的衝擊力的損傷。泰拳被封有「打擊系最強」的高評價,也是因為被印證出具有科學根據的緣故。

踏向對手的右前方，用左邊膝蓋踢對手左邊身體。和單發的膝頂不同，這時膝蓋是伸開的。

形成以膝蓋為中心的迴轉運動，下腿的前端就會急速加速。

因膝蓋的急停配合下腿前端的急速加速，讓膝蓋的轉動更發揮作用，踢中右邊身體。

第4章 抓、投摔的科學

攻擊時若隻手被對方抓住了，還有辦法防禦嗎？

在拳擊、K-1及極真空手道，都嚴格禁止抓或推的動作。因為這些不僅是摔角的行為，而且選手只要一不小心，手臂稍微被抓到，打擊技就施展不出來了。尤其空手的比賽，很簡單就能抓住對方。

例如，如果抓住左前方對手的左手手腕或袖子，對手就完全不能出左邊的拳了。這時能出的拳只剩右邊，但如同Q31說明的一樣，對手想要把右肩往前出擊，必須要向左迴轉身體。

若要妨礙這個迴轉，把抓住的左手，往對手身體右迴轉的方向拉的話就可以了。就好像是使對手的左手擋住了自己右拳一樣，是最棒的妨礙方法。

拳打失敗的話，對手就會換用左前足往上踢。踢腳的準備動作，一定會是另一腳單腳站立的狀態。而前腳踢的原理是，重心要往後移，用後腳支撐體重。只要了解這個原理，在對手想踢的瞬間，**把抓住的左手稍稍往前下拉的話就可以了**。因為重心會移到前腳，就會變得完全不能踢了。

作為反擊的最後手段，是使用右邊的後腳踢。這個時候，對手重心會往前移動，變成前腳單腳站立。雖然抓住左手往左下揮，能妨礙對手迴轉也能防守，但配合對手踢過來的姿勢，直接撞過去也很有效果。只要時機搭配的好，就會是很有趣的大動作——把對手撞飛出去！

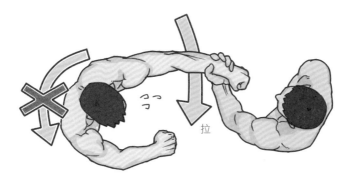

拉

➡ 把抓住的手如上圖方向拉的話，對手就無法將身體左迴轉而使出右拳了。

➡ 對手把想踢出去的前腳（圖中是左腳）往上抬，這時可用往前下拉的力量來防礙他。

➡ 對手想用後腳（圖中是右腳）踢，雖然和對付右拳一樣的往左下拉手腕也可以，但直接撞過去也會很有效果。

111

一旦使用了「抓技」，是否就能轉為有利地位？

絕對有利！正如在Q42說明的一樣，因為抓住對手，就能封鎖對手的攻擊。抓住對手後所使用的打擊技，即使衝擊力相同，但因為對手被限制為比較禁不起打的姿勢，所以打擊的威力就會大幅增加。一般的打擊系格鬥技，都是以沒有被抓或摔的威脅為前提來攻防。拳擊的頭銜賽中，曾經是摔角選手的人，如果扭抱住對手，就變得壓倒性的強勢，讓冠軍都會束手無策。泰拳的選手進軍K-1時，也會想使用膝擊，令對他箍頸的強敵摔倒，削減對手的體力 。

不管哪個打擊技，對於要強力、快速的打擊，都有全身動作的必要。因為不僅是被摔，就連被抓都會妨礙動作的施展，**或是即使打出了威力也會大幅減弱。**

另外，剛剛提過，對手被抓住後會變得禁不起打。在防禦上，耐打的強度和防守的動作，這兩者是不可欠缺的。耐打的強度，是在受到打擊的瞬間，將力量集中在那個部位來耐受衝擊力。對於打中身體的拳，腹肌會緊縮。但是，耐打的部位，一次只有一個地方、短時間而已。因為如果全身因此變得硬梆梆的，就有違常理了。

這時，「抓的技法」優點就出現了。因為受到攻擊的那一方，被對手抓住而跟蹌的瞬間，會無意識地為了保持平衡而用盡努力，但這個瞬間，**不管是耐打的強度或是防守的動作，都完全無暇顧及。**被摔倒之後，更是如此。就這樣變得毫無防備的身體，就連不怎麼強的打擊，技都沒有辦法承受得起。

但這嚴格地說是犯規的行為。

抓住對手的右手，讓他往後倒失去平衡，用手刀或是手槌（握緊的拳頭的小指側）打後頭部或脖子。

把對手一邊拉過來一邊反擊似的打側腹。

從對手身後把體重加在對手的左足上，再踩住這隻腳的膝蓋。

一邊把對手打過來的手臂拉進來，一邊從他用力伸出的膝蓋前面踩下去。

被體型大的人抓住一隻手腕時，要如何以一隻手成功反擊？

我們用「力距」這個力學概念來說明。所謂力距，是讓物體旋轉的力，也就是指迴轉力。迴轉時，有迴轉軸。如圖所示，有

力距＝力 × 迴轉半徑

的關係。即使是相同的力量，迴轉半徑愈大，力距就愈大。迴轉半徑也可以稱為「槓桿臂」。

做個簡單的實驗，兩人相互面對面，伸出右臂，手掌貼合在一起互推。依據反作用力的法則，是沒有勝負關係，手掌互壓的力量變成一樣。請把對方的身體想像成螺栓，把對方的手臂想像成扳手。迴轉軸就是通過各自身體中心直向的軸。

扳手愈長迴轉半徑愈大，愈容易旋轉；如果對方的手臂伸得愈長，身體應該也愈容易旋轉。相反的，若彎曲自己的手臂，將手掌愈靠近自己的身體（嚴格地說是迴轉軸）的話，對於對方而言，就是變成較短的扳手，變得不容易轉了。

了解這個原理的話，右手腕被抓住的瞬間，一邊用左手牽制性的以攻擊眼睛等的方式來靠近，**讓對手的手遠離迴轉軸（對手為了躲閉眼睛攻擊，會後仰伸直手臂）**，讓自己的手靠近迴轉軸。

這樣一來，即使體型差很多，也能把右手往右側揮。和這個動作同時，將左腳往左斜前方踏出去的話，就能轉身到對手的後方處了，這時在前方的對手，如果用力前後推或拉的話，不要抵抗，將身體移動，趁隙以攻擊眼睛的方法來牽制之後，再進行反擊就可以了。

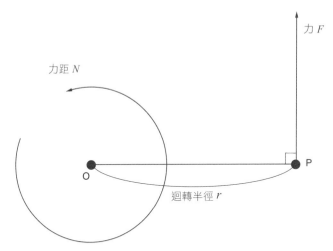

力距 N

力 F

O是迴轉軸，P是力的作用點

迴轉半徑 r

⊙ 力距 N＝力 F × 迴轉半徑 r
在這個圖的力的方向（和OP垂直）時，力距最大

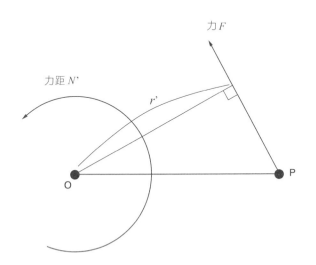

力距 N'

力 F

r'

P

O

⊙ 力距 N'＝力 F × 迴轉半徑 r'
力距 N' 比力距 N 更小。即使相同的力量 F 在同一點 P 作用，因力的方向不同
而力距會改變

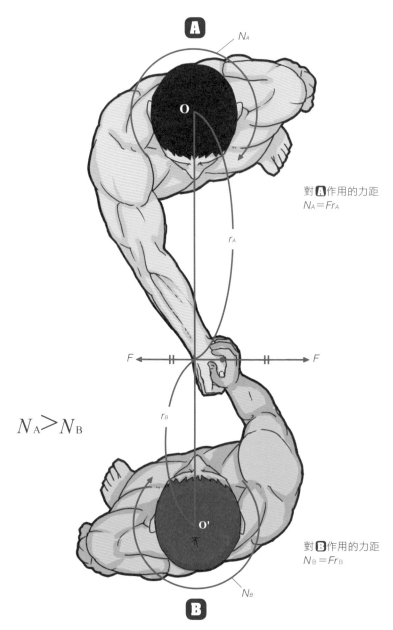

A

N_A

O

對**A**作用的力距
$N_A = Fr_A$

r_A

F ⊢⊢ ⊢⊢ F

r_B

$N_A > N_B$

O'

對**B**作用的力距
$N_B = Fr_B$

N_B

B

⬆ 手伸直互推的話,因為力 F 的大小變成一樣,所以對手臂較短的
B 較有利,($r_B < r_A$)能加較大的力距N_A($>N_B$)在對手身上。

A

如果手腕被對手抓到的話⋯⋯

B

自己往前踏，變成只有對手的手臂伸直的姿勢。這樣絕對不會被往側邊拉動。

C

也能用手刀打對手脖子等反擊。

第四章　抓、投摔的科學

為什麼已經鑽研了手部的技法，還是無法順利地壓制住對手？

「反擒拿技」或「逆技」等的關節技，會在Q52、Q53、Q58說明，但初學者如果只把注意力放在手的動作，會容易變成只想用手的技法。技法應是全身性活用的，不管什麼技法，都有其必要的體捌 。會被對手用力掙脫，是因為對手的體勢沒有被破壞。而手會鬆脫，不是手的力量不夠，而是因為沒有運用到全身的力道。

和**軀幹相比，人的手腕動作，相對性比較小**。但請看Q52裡，使用搓肘翻的熟練者，全身的動作很大。而用這樣的方式，手的力量會變得比較大。另外，**因為這個動作，可讓對手失去平衡**。人要好好的站著才能將力量發揮到外部，但是失去平衡的話，會為回復平衡而拼命努力，愈是努力就愈是無法起作用。

如右圖，以被對手用右手抓住衣襟時，使用單抓胸纏折腕（倒抓犁耙）為例子。假設對手往胸部推過來，為了避免被壓制而失去平衡，要從自己這一側把胸部頂出去，配合對手不服輸的又推回來的動作，一邊把對手的手拉過來，一邊把身體往右扭轉。如此一來對手就會失去平衡，無法抵抗了。這時對手手臂伸直的姿勢，是用S字形關節技的絕佳機會（參照Q53）。

體捌，不管對什麼技法都是必要的。即使雙足的位置一樣，但如果能柔軟的讓腰動作，上半身就能十分自由的動。或是混合著小的步伐，就會變成更大的體捌。此外，**關節技不可依賴手的力量**，**要是能利用體捌，讓對手失去平衡的話，即使是很小的力量也能靈活地被運用**。

指身體的動作、位移、變化、重心、手腳協調等。

F＝用手加在對手的力量
V＝只有手動的速度
速度V愈大F只會愈小。不讓手動（V
＝0），一邊施加很大的力F_0一邊利用
體捌的話是最理想的。

⬆ 重心移動或身體的扭轉
等，一邊活用體捌讓對手失去
平衡，一邊用單胸抓折腕。

聽說被「腕十字固定術」壓制後就難逃了，真的嗎？

「腕十字固術」是把手肘拉開到極限的技法，一旦被鎖住，如果想用力掙脫的話，手肘關節會受到損傷，所以只能放棄。能對抗這個技法的，是使用屈曲手肘的力量，這個力量的關鍵是

力距＝肌肉的收縮力 _F_ × 槓桿臂 _l_

如右圖，槓桿臂在關節角度為90度時最大，伸展到接近180度時，就會變得非常小。也就是說，一旦手肘伸到極限，要再彎起來的力距就出不來了。

施技的那一方，為了不讓對方彎曲的手肘產生力距，方法是先**把對手的拇指側，往天花板方向扭轉**，而使手肘彎曲的肌肉是二頭肌、肱肌、肱橈肌這3個部分。

用力時能讓手臂隆起的肱二頭肌，是最有力量的，但拇指要向左右，也就是拳頭平擺時才容易用力，所以如果被往內側扭轉，就很難出力了。因此，舉啞鈴的時候，拳頭直擺的直式舉法是很難出力的。

另外，把對手的手肘拉開的時候，不能只靠手臂的力量，要利用**背肌**，讓身體全力往後倒。另一個訣竅是，成為支點的對手手肘位置，如果不穩固就不會成功。為了不讓上臂左右移動，**要用大腿的力量好好的夾緊**，接著為了不讓上臂的肩關節移動，**要用雙足壓住對手臉和胸**，如此一來手肘的位置就會固定。如果這樣對手還是想逃，就把腰部往上抬，會有很大的效果。

圖 彎曲手肘的力距發生的構造

彎曲手肘的力距是 $N = Fl$。手肘伸展的話，因為槓桿臂l就會變小，力距也變小，所以就無法再次彎曲。

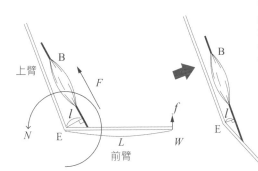

上臂 B F l N E 前臂 L W f B l E

把對手的拇指外側朝天花板。

為了使對手的強力二頭肌難以發揮作用，手、腿和背部必須用力。

用大腿牢牢夾住對手的手臂。

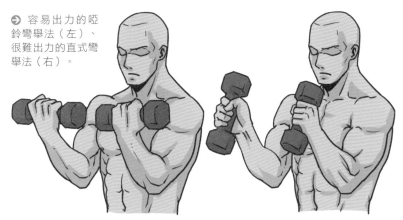

容易出力的啞鈴彎舉法（左）、很難出力的直式彎舉法（右）。

47 請說明「摔技」的原理！

雖然說「投」，但並不能真的把人像球一樣的「投」出去。就算是重如砲彈的物體，重量也只有7kg左右，約人體的10分之1。想要把比砲彈10倍重的人「投」出去，就人的體能來說是不太可能的。

所謂「投」就是「摔」，也就是，**讓對手失去平衡，直接摔跌在地面**。但如果對手趴著倒地，就沒有效果。基本是要從背部著地般的，讓對手的身體一邊迴轉一邊摔倒。

柔道的投技有幾種方式，但在力學上有「**在對手身體的2個（以上）位置施加反向的力，讓他一邊迴轉一邊摔倒**」的共通點。

請看看代表性的技法吧。

出足掃是在對手踏出的腳正要落地時，以同側的腳由外往內掃，手要往該腳外側施力，這樣就能讓對手的身體橫向從肩膀倒下，如右圖中 x 軸圓周的迴轉。接著在對手的腳往前踏出時，推右手，拉左手，對手就會以 y 軸圓周迴轉，從背部摔倒。

背負投是把對手的腰用自己的腰抬起，用雙手在上半身施加向下的力量，讓對方一邊往前迴轉一邊摔倒，如右圖中的 z 軸圓周迴轉。

大外刈是在膝蓋和上半身施加逆向的力量，讓身體以 x 軸圓周迴轉，接著就像出足掃一樣右手推，左手拉，也調節 y 軸圓周的迴轉，讓對手從背部摔倒。

出足掃

用 y 軸圓周的迴轉、x 軸圓周的迴轉讓對手摔倒。

x 軸

y 軸

背負投

用 z 軸圓周的迴轉讓對手摔倒。

z 軸

大外刈

把對手的右膝往自己後面絆，再用右手往前方施力，左手往後拉，讓對手以 x 軸、y 軸圓周迴轉。這個時候可調整力的方向讓對手從背面摔倒。

x 軸

y 軸

48 想使用「大外刈」摔倒對手，為什麼反被摔倒了呢？

一般認為有「破勢」不足，和只靠腳的力量勾絆而力量不足這2個可能性。

請看Q47的大外刈 圖。對手被往自己這邊拉過來時，完全失去了平衡，以右腳單腳好不容易站著的狀態。這時因為全身體重都加在右腳上，之後右腳被絆了之後，就會摔倒了。在進入投技之前，讓對手變得重心不穩，就叫做「破勢」，是為了讓技法成功的必要條件。

假設破勢不足的情況下就進入大外刈，可能會導致自己以左腳支撐身體，只用右腳絆住對方時重心不穩，但因為對手用雙腳安穩的站著，所以無法對他施技。如果在這種狀態下被推拉，很容易就會往右倒，體重便全壓在伸出去的右腳上，反而會被用大外刈摔倒。

即使破勢成功辦到了，但「只用右腳去絆」對手的腳，可能會因力量不足而對方被撐住。好好穩定軸足的支撐，**好比從右足開始到上半身成為一根棒子一樣的感覺**，一邊將整個上半身往前倒一邊勾絆。如此一來，不只會從軸足產生很大的力量，手的力量也會自然變大。這個感覺也和用出足掃去掃腳的時候一樣。

在背負投時也有必要讓對手往前傾破勢，再快速踏向前，變成鑽進對手下方的姿勢。沒有讓對方失去平衡就開始施技，或是鑽下去的動作不夠迅速，或是踏向前的距離不夠，都會讓對手重新站穩，反而被從後面勒住脖子，或是因體勢被連根拔起般的往上抬，被用裏投 的技法摔倒。

大外刈也就是背後摔，指從對手後面抱住，仰身往後投摔的動作。

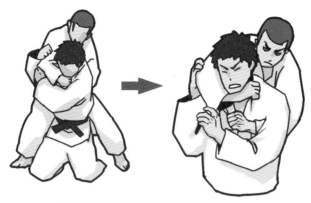

⊙ 破勢不足的狀況下就進入背負投的
話，會被用送襟絞等被勒緊脖子。

⊙ 破勢或踏向前的
距離不足的情況下就
進入背對對手的技法
的話，會被用裏投的
技法來反擊。

⊙ 把腳和上半身變成像一根棒子一樣的話，就能讓
腳力充分的發揮，施展出強力的大外刈或出足掃。

125

遇到對方以柔道攻擊時，該如何應對？

柔道的投技，在堅硬的水泥路使用的話，就會變成一項十分危險的運動。因為被抓住衣服的瞬間，身體就會失去平衡，這時對手會以快速步伐向前摔拋。被摔倒之後，還有各種絞技或折肘的腕十字固定術。柔道選手一般都是結實的體型，力量又強又禁得起打，是不可藐視的強敵。

最好的對抗策略是攻擊弱點，也就是使用對手不習慣的技法，或是使用該項競技的犯規行為，不管什麼格鬥技可以說都是如此。

柔道在一開始會先「抓」。**在進入這個動作的危險距離之前，必須先以打擊技攻擊**。如果是體格差不多的對手，用普通的拳擊或踢擊就可以了，但是有必要注意，拳或腳不要被抓住。如果是體格高大又強壯的對手，即使被普通的打擊技打中，或許也不會畏懼，反而會把我方纏住。對於這樣的對手，要攻擊他的眼、耳、下陰、喉等比較難鍛鍊的部位。

衣服被抓住的話，要用關節技攻擊手腕。對手腕的攻擊在柔道是犯規的，所以對手並不習慣，或許意外的有效。但是在被抓到的瞬間，如果不立即施展技法，就會來不及。當然，使用**混合肘擊或是頭擊、用力踏腳背等都可，只要在進入投技之前，爭取一些時間就可以了**。

如果只會打擊技的話，因為一般選手對被摔有恐懼，或許會畏縮或感到驚慌。

⬇ 被纏住時，可以踩踏對方的
膝蓋。用腳跟踏腳背也可以。

⬆ 配合對手抓過來的時機出拳。

三船久藏的神奇「空氣摔」，
是什麼樣的摔技呢？

「空氣摔」現今被稱為「隅落」，一般認為是三船久藏所開創的。如同Q47裡說明的，柔道的投技，是把對手抬高，或是絆腳讓身體迴轉而跌倒。空氣摔因為只用雙手摔，所以乍見很不可思議，但卻是巧妙應用了所謂「在對手的2個地方施加幾乎相反方向的力」，這個投技的共通原理。

一邊把左腳往對手的外側踏進，一邊用抓住領子的右手把對手往右後上推，一邊把左手往正下方拉。如此一來，對手就會往右後傾，全身體重都會放在右腳上。接下來配合體捌的同時，一邊將右手往上推一邊拉左手的話，對手就會一邊迴轉一邊往右後方飛去。

讓對手往右後方失去平衡，變成只用右腳支撐體重是一個重點。在攻防之中，要瞄準對手把右腳往後拉的瞬間，利用對手的動作再施技就可以了。

另一個重點是，絕對不可以只用手臂來摔。所謂「用體捌來摔」是從雙足和軀幹使出很大的力量，把這個力量傳達到手臂。而手臂自身的力量，是用來調整傳過來的力量的方向的功用。

一般推對手或拉對手的力量，不是只有手臂出力。從力量和肌肉量成正比一事來考量的話，只有手臂，力量是完全不夠的。「拉的時候要像用背來拉，推的時候要用腰來推」，有這樣的感覺才算運用到軀幹的力量。特別是空氣摔，是要求要用體捌來摔的高度技術，正因如此，看起來格外新鮮吧。

三船久藏是一名已故的日本籍柔道大師，柔道十段，被譽為「柔道之神」。

⤊ 2000年雪梨奧運柔道男子60kg以下級決賽中,因野村忠宏
選手對韓國的鄭富競選手的決勝招式,而知名的「空氣摔」。

人偶和雕像能夠一推就倒，但為什麼人不容易被推倒呢？

　　用兩隻腳站立的人，在本質上是重心不穩的。就連以「倒下就輸」為規則的相撲中最強的白鵬翔，如果把他像雕像一樣的全身固定住，也能用一根手指推倒他。但人平時不會輕易的倒下，是因為**經常保持平衡**的緣故。這個保持平衡的方法，可分為靜態的平衡和動態的平衡來考量。

　　靜態的平衡是，身體的各部位動作緩慢，可以當成和靜止狀態一樣來看的狀態。如以雙足站立時，身體的重心一定要在雙足所製造的支撐面上。

　　如果推過來的力量很強，且落於重心的位置，人就會像雕像被推一樣地往後倒。所以一般人被推時，通常會無意識的把重心移到比支撐面更前面，來對抗推過來的力量。

　　這個體勢下，如果強力推過來的力量突然變成零，因為重心已經被無意識地往前移，所以當然會向前倒。通常會變成單腳向前踏出去，支撐面調整到重心之下。其實，最基本的「步行」動作，也就是一邊往前「倒」，一邊踏出另一隻腳的重覆動作。這就是動態的平衡。

　　不改變雙足的位置，把雙臂像游泳的蝶式一樣的往前迴轉；或是讓腰後縮，就能讓重心回到原本的支撐面上。因為力學上的說明稍微複雜，所以省略，但這也是動態平衡一種。

　　人因為會在無意識中保持靜態、動態的平衡，所以能在不倒的情況下動作。而能趁這個空檔攻擊的，就是投技。

　　是一位日本大相撲力士，第69代橫綱。

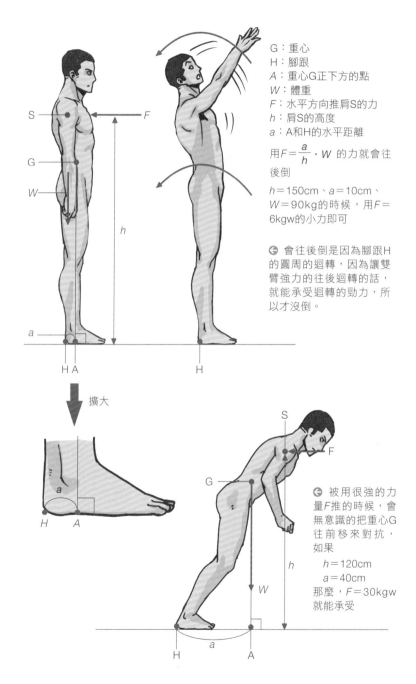

G：重心
H：腳跟
A：重心G正下方的點
W：體重
F：水平方向推肩S的力
h：肩S的高度
a：A和H的水平距離

用 $F = \dfrac{a}{h} \cdot W$ 的力就會往後倒

$h=150cm$、$a=10cm$、$W=90kg$的時候，用 $F=6kgw$ 的小力即可

🔄 會往後倒是因為腳跟H的圓周的迴轉，因為讓雙臂強力的往後迴轉的話，就能承受迴轉的勁力，所以才沒倒。

擴大

🔄 被用很強的力量F推的時候，會無意識的把重心G往前移來對抗，如果

$h=120cm$
$a=40cm$

那麼，$F=30kgw$ 就能承受

52 為什麼緊扣住對手的手腕了，卻還是摔不出去呢？

在現代柔道裡，「腕十字固術」的攻擊是被允許的，但攻擊手腕是犯規的。將攻擊手腕作為格鬥技的，有古流柔術、合氣道、少林寺拳法、中國拳法等。

手腕不但能往2個方向彎曲，還能扭轉。拇指往內側動的扭轉稱為「內旋」，和內旋反方向的扭轉稱為「外旋」。扭轉的動作，與其說是手腕關節的動作，不如說是由尺骨和橈骨所組成的前臂構造所產生的。位於前臂小指側的尺骨，是和肘關節以及肱骨連結，因此無法扭轉。而是靠位於拇指側的橈骨，藉由一邊繞著尺骨的圓周迴轉，讓前臂整體扭轉。

因此手掌向上時，是前臂幾乎到極限的外旋，同樣地，把手掌向下的時候，是到極限的內旋。接下來是應用這個原理的具體例子。

被對手由下抓住手腕或衣袖的時候，對手的手腕已經達到極限的外旋了。如果再把對手的手往外旋的方向扭轉的話（把手腕扭到極限的手腕極技），痛感會由手腕傳到前臂。因為扭轉手腕的肌肉也連結到手肘，所以手肘也被扭到極限。

就這樣被扭到極限的手臂，透過肩膀，在僵硬的情形下，連帶牽動到軀幹。**操控手腕破壞對方平衡感後，這個力量會從手臂傳到軀幹，就能把對方摔倒。**這時對手通常會為了恢復平衡而有所動作，但反而會讓扭轉關節的力量更大，痛感也急遽擴散，所以只能倒下。

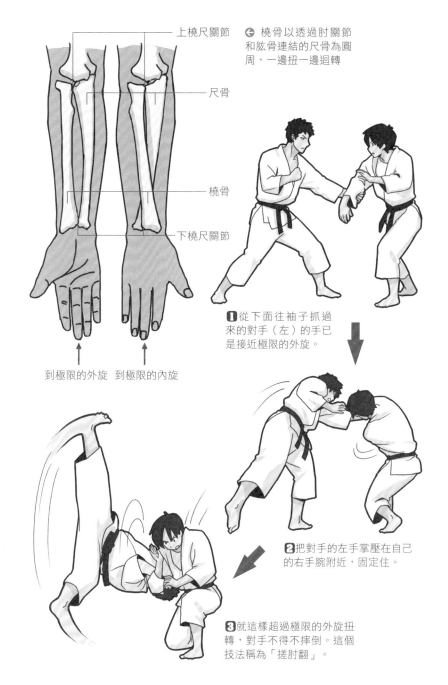

上橈尺關節

尺骨

橈骨

下橈尺關節

到極限的外旋　到極限的內旋

⬅ 橈骨以透過肘關節
和肱骨連結的尺骨為圓
周，一邊扭一邊迴轉

❶從下面往袖子抓過
來的對手（左）的手已
是接近極限的外旋。

❷把對手的左手掌壓在自己
的右手腕附近，固定住。

❸就這樣超過極限的外旋扭
轉，對手不得不摔倒。這個
技法稱為「搓肘翻」。

53 請再具體地說明，扣住對方的手腕的方法？

這裡主要以少林寺拳法為例子來說明吧。雖然不管是什麼技法，都有詳細的know-how，但只要了解極技的原理，在實際學習的時候，很快就能學會了。

首先要介紹的技法是「**外捲腕**」。對手從內側用右手抓住我方的右手時，以手腕為中心一邊讓前臂迴轉、掙脫，同時把左手的手掌貼住對手的手背，讓其前臂向外旋，一邊讓上臂向外側旋轉，一邊把手臂推壓，讓對手摔倒。

接下來是「**單抓胸纏折腕**」。是把對方往我方胸前抓過來的前臂，內旋到極限的技法，以**擒拿時手臂的形狀呈S字**為特徵。將對手的手腕往內側彎曲，如果對手想用力掙脫，可以把對手手掌往小指側彎曲，或是讓手肘往下移動，因為前臂會內旋到愈來愈極限而劇痛，對手只能一邊蹲下一邊往前倒。

讓前臂內旋的前提下，還有S字以外的施技方法。這不是把對手手腕筆直的推壓，而是往自己左邊扭轉像螺旋狀般的推。特別是把力量集中在對手小指的話，手腕的小指側會劇烈疼痛。結果會和「單抓胸纏折手」一樣的，對手會往前失衡摔倒。

有種把倒地的對手，以趴著的姿勢固定住的「**裏固**」技法，但這個技法也是要把對手的手肘拉直，把手腕向內側彎曲的手掌，往前臂內旋的方向扭轉來固定。

合氣道或中國拳法的逆技（反擒拿技），雖然表面看起來技法、招式很不同，但擒拿手腕的原理大致相同。

⬆ 用「外捲腕」把手腕外旋到極限後，對手（右）就會往其右側摔倒。

⬆ 「裏固」是把被打趴壓在地上的對手的手腕內旋到極限，讓其無法動彈。

⬆ 「單抓胸纏折手」是用「S字」形來攻擊。

為什麼「絞頸」是相當足以致命的招式？

絞頸在生理學上會造成以下二種危險：

①壓迫氣管，妨礙空氣流入肺部

②壓迫頸動脈，斷絕往腦流動的血流

因①，使進入身體的氧氣量減少，全身（包含腦部）因氧氣不足而機能低下。例如在馬拉松等長時間持續的運動中，是以體內能攝取的氧氣量，來跑出速度或威力為關鍵。因此不只是格鬥技的比賽回合中，就連中場休息時間，選手也要拼命大口呼吸以攝取氧氣。**即使不是完全被擒拿到極限的地步，但隨著鎖喉的時間愈長，就會氧氣不足而變得無法動彈。**

因②，而斷絕了對腦部的氧氣和營養素（葡萄糖）的供給。成人的腦重量大約佔體重的50分之1，也就是大約1.3kg而已。腦雖然小，卻需要大量的氧氣，非運動狀態時，需占全身氧氣消耗量約20%。再用這個氧氣「燃燒」葡萄糖，以獲得確保機能正常運作的必要能量。

流往腦的動脈中所含的血液氧氣量，在運動時會降到大約是靜態時的80%，葡萄糖會降到60%以下。因為血液中的氧氣和葡萄糖減少，所以**比賽中的血流要比安靜時需要更多，但絞頸卻會停止這個血流的流動。**

絞頸到極限的時候，選手即使想用力掙脫，也會因大腦缺氧而意識薄弱，而無力反擊，如果不趕快制止會致死。所以裁判通常會提早中斷結束比賽，宣佈勝負，是為了確保選手的安全。我也曾被朋友拜託，要我對他施以絞頸，他很確定的說，一定會用肘擊反擊。但是之後，他很害怕的說「當時無力反擊，就連有沒有肘擊都完全不記得了！」

用單腳繞頸，另一隻腳固定住的「三角絞」。

「裸絞」（sleeper hold）。用前臂和上臂夾住頸動脈般的勒住。

「片羽絞」，把對手的領子抓住勒脖子。

第5章 防禦的科學

瞄準下陰的前踢，該如何防禦呢？

K-1等的運動性格鬥技，是禁止對下陰攻擊的。原本是要攻擊大腿內側（內側下段踢），若失誤而踢到跨下，即使有穿護襠也會受到很大的損傷，有時還會讓比賽中止。有一個例外，以模擬實戰為目標的「大道塾空道大會」，是選手體格差距很大的比賽，因此允許下陰攻擊。除此之外，在實戰中，最重要的絕對是防守下陰攻擊。

用膝蓋轉動來瞄準下陰的猛烈前踢，是很難防守的招式。作為其主要的防禦法的，有以下三個：

①從小腿用膝蓋來擋開對手踢過來的小腿。

②用大腿內側的肌肉像夾住一樣的制止。

③把要害往腹腔內拉提。

把左腳伸出往前站，對手可能會為了不被我方的左腳擋住，而用左踢攻擊。用①的方法時，要快速的把左邊膝蓋向內上抬，用小腿保護下陰。這個時候，膝蓋要深深地彎曲，小腿的前端要稍微往左斜下放。這樣一來，對手的小腿會沿著自己的小腿，往右側邊滑過去。順利的話，因為對手的下陰露出破綻，所以深深彎曲中的左膝轉動，也能踢腿回擊下陰。

以②為例，古流的空手道中有所謂的「三戰立」，是夾緊大腿內側的站法，將對手上踢過來的足尖，用兩邊大腿內側的肌肉夾住來制止。③是特殊的對應法，使用名為提睪肌的肌肉，瞬間的把下陰拉提到腹部中。實驗時，請人試著踢我，我謹慎防守的結果，對方腳背碰的一聲撞到恥骨，就是靠這個方法防禦的。

🔄 三戰立。用大腿內側的肌肉來守護下陰。

🔄 對手用左腳往下陰踢過來的話，就用自己的左腳小腿來接，這隻腳不要收回，直接往對手的下陰踢回去。

🔄 貓足立。適合下陰踢的攻防，有這樣的站法。

56 如何自我訓練，讓身體變得耐打呢？

身體被打的時候，對抗這個衝擊力的方法是有以下三個：

①讓腹肌強力的收縮。

②盡量以肋骨來承受。

③用呼吸把身體當成氣球一樣。

①的原理為，腹肌從表層開始的順序，有腹直肌、腹外斜肌、腹內斜肌、腹橫肌這4層。腹直肌是在腹部的正面，腹外斜肌和腹內斜肌是在直肌的兩側，腹橫肌位在肌內的最深層，像是一道道鋼纜一樣的束狀肌。這些腹肌保護著內臟，就像是在道路旁的防撞護欄，用來承受車子的衝撞一般。

防撞鋼絲護欄的支柱間隔愈窄，有效使車子停住的能力就愈高，同樣的，讓腹直肌所附著的肋骨和骨盤前部（恥骨）的間隔縮小。也就是若我們把腹部彎曲，對打擊的耐受力就會變強。同理，腹部右側被打時，要把腹部往右側彎曲，利用腹外斜肌和腹內斜肌的收縮力來承受。

②的原理與①類似，當胸部被打的時候，例如右側上部（胸的下部）被打擊時，若能讓那個部位像凹進去一樣的彎曲後，因為肋骨的間隙會變窄，能用多根來承受，就能防止骨折。③是**讓腹橫肌收縮，像是在腹部綁上束腹帶一樣的提高腹壓**。就像輪胎的壓力支撐車子的重量一樣，意外的能耐受很大的力量。請某位空手道家讓我打他的身體時，他一邊發出咻的聲音，一邊從鼻子吐氣。就像在打洩了氣的氣球一樣，身體一邊縮，拳擊的力量就一邊被吸收進去了。

● 守護身體的4層腹肌

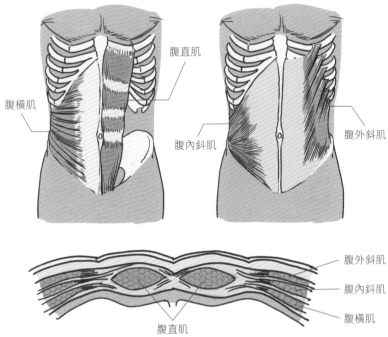

腹直肌

腹橫肌

腹內斜肌

腹外斜肌

腹外斜肌

腹內斜肌

腹橫肌

腹直肌

● 用腹肌的收縮力和腹壓來耐受衝擊力

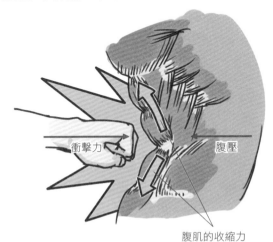

衝擊力

腹壓

腹肌的收縮力

明明完全沒感受到對方敲打了自己的臉部，為何就是被打中了呢？

打擊時，出擊的手臂運動量，透過拳頭瞬間傳到對手的身體、頭部或軀幹，成為衝擊力。

拳擊的防守（blocking）是用拳套、前臂、上臂、肩等較強的部位，來承接對手的擊打。這個時候並不是「砰！」的一下就完全接下來，而是以推擋的方式，花些許時間慢慢的接拳，衝擊力就會變小，不會有損傷。但是假若沒有使用拳套的空手對打，除了肩部大概都無法避免受到傷害吧。

拳擊的格擋（parrying），是用拳套來擋拳，但如果是空手打來的手臂，主要是用前臂橫向或上下擋開，以改變來拳的方向。古流空手道中，經過鍛鍊的手臂，以能把對手打過來的手臂折斷的運動量來擋，反而能給對手傷害。

雖然是只有熟練者才會的技法，但配合對手的擊打，把手快速的伸到對手的手腕附近貼著，不要擋下對方伸直的手臂，只要一邊稍微錯開來拳的軌道，一邊把自己的頭藏在手的影子後面，這種動作方法也是有的。因為不強力的擋下來拳，只是稍稍改變其方向，所以**出手的那一方，沒有被擋下來的感覺**。

也可用拳擊的沉身（ducking），或是沉身再加上左右移動的移動閃躲（weaving），讓對手的拳揮空的方法。

以上的方法，因為可以把臉躲在自己的手的陰影處，所以很安全。而且動作很小，所以容易保持平衡，馬上就能反擊。在中國拳法中，有種因為**用被打的手臂的手肘直接打回去，反擊對方的側腹**的技法，是一種能讓防禦和反擊的動作一氣呵成的特殊技法。

● 少林寺拳法

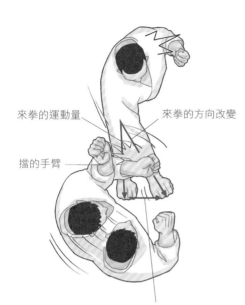

來拳的運動量

來拳的方向改變

擋的手臂

從往旁邊擋的手所加上的衝量
衝量＝往旁邊擋的力F × 擋開的時間T

⬆ 少林寺拳法是用長時間T 來接受較弱的力F。

⬆ 一邊用右臂躲開對手打來的右拳，然後直接用肘打側腹來攻擊的中國拳法的技術。

● 空手道

➜ 空手道是把對手打過來的手臂用接近折斷的很大的力F，瞬間（T 很短）擋開。

被握力強的對手使勁握住手腕之後，是否有辦法輕鬆逃脫？

人用單手抓住棒子或繩子時，可以懸吊在上面十幾秒。也就是說，和體重相同的力來拉東西時，瞬間會展現出比平時更大的力。而手腕被用像這樣的力抓住的時候，只會反射性的縮回來，應該是無法掙脫的。

不放開握住的東西而拉的力，稱為持續握力。讓被握住的手腕掙脫的方法的基本，是以下三個：

①**為了不讓對手用持續握力，不改變手腕的位置，在對手的手中，讓手腕旋轉般的轉自己的前臂。**

②**這個時候注意要讓對手的手腕向內側彎曲。**

③**用自己的手腕，切入對手的拇指和食指之間。**

準備動作是要把手肘貼在側腹般的彎曲，讓對手的手臂伸直般的姿勢。如同在Q44說明的一樣，因為這個姿勢，即使對手把手橫向揮過來也能撐住，簡單的讓前臂迴轉。

假設對手用左手從外側往我方的右手腕握過來。首先，襲擊眼睛一邊牽制，一邊快速靠近對手，站好準備姿勢。然後，一邊再更靠近一點，一邊以手腕為中心，把自己的手肘往前擊打出去。想像自己的前臂是鐵棒，把對手的手當成是小金屬環，用鐵棒前端插入環中扭斷般的感覺。再加上，**隨著對手的手腕往內側彎曲，手的構造上，握力幾乎變成零，幾乎沒有抵抗力**，很有趣的「啾！」一下就能抽出來了。

⬆ 被對方用右手從內側抓住右手時的「小手拔（交叉手解腕）」。以對手的手腕為中心，把自己的手肘往前擊打出去，就能讓被抓的手掙脫。

⬅ 被對方用左手從外側抓住右手時的「寄拔（同側手解腕）」。和小手拔一樣的，以被抓的手腕為中心，把手肘往前擊打出去。這樣就能順利的把被抓住的手腕拔出來。

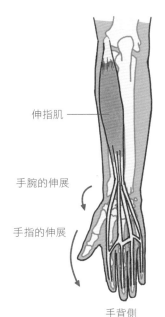

伸指肌

手腕的伸展

手指的伸展

手背側

⬅ 伸指肌有伸展拇指以外的手指、讓手腕往手背側彎曲的作用。但若把手腕往手掌側彎曲的話，伸指肌會因過度伸展而緊繃，使手指無法彎曲，也就無法握了。

147

遭遇強而有力的徒手攻擊時，有什麼防禦對策呢？

曾在Q01中說明過，打擊的衝擊力是在以下二種情況發生的：

①高速下擊出的拳頭（和手臂全體或軀幹）運動量。

②打中目標後突然停止。

沒有這些條件而打擊的話，就沒有大的衝擊力。依衝擊力產生的原因，我們再來思考如何有效防守。

無法完全躲開的時候，可以用自己的手或前臂上下左右的擋住對手的手腕或前臂。如果是普通的拳擊，就輕輕讓拳頭的方向改變就好。在古流空手道裡，因為也有推擠般的打擊法，所以不能只用手部來擋，**配合軀幹扭轉，讓前臂的動作把對手的攻擊反彈開是必要的**。

請想一想完全沒有躲開拳擊而被打中的情況吧。

關於①，拳頭的速度要保持接近最高速，是2個拳頭最多3個拳頭的距離。間距太近的話速度出不來，太遠的話速度會漸慢。

也有配合對手出拳來縮短間距，以抑制拳速的方法。但如果時機失誤，有被強力反擊的危險。至於配合拳擊，**從對手原先想打的位置，把臉或身體往後縮的話**，就只能變成速度減慢的低威力的拳擊。

關於②的秘訣是，**不要讓拳垂直擊中身體**。如果扭轉軀幹後斜向擊中的話，不只是垂直方向的速度會減慢，拳頭雖然不會停下來，但會滑過我們的身體。如此一來，衝擊力應該就會減弱。應對方法例如，配合來拳把軀幹體往前傾，或是讓拳頭沿著腹直肌往下滑。

依據不同流派，因為有的會用蠻力強行把拳頭推擠過來，會完全擊中。

拳擊流的防禦，會讓前臂或肘受到損傷。

60 遭遇對手突襲而來，除了Q08 的方法，還有其他的嗎？

阻止**衝撞**，就是要高明的讓其運動量變成零。但若無法全然阻止，只是稍稍改變其方向，換言之就是「**閃躲**」，也是有效的方法。

假設對手一邊猛衝過來，一邊伸直右手飛拳而來。我方也會伸出右手，去抓對手的右手腕。然後，不要抵擋對手的力量，直接把他的右手拉過來的話，就能實現在Q44說明的「對手的手臂伸直，自己的手臂較短」的體勢。

因此，**一邊把身體向右扭轉，一邊把自己的右手往右揮**的話，對手就無法反抗這個力量。同時也會**加上拉進來的力量**：因為是對手自己推進的，所以簡單就能把他拉過來。順利的話，原本採前傾姿勢的對手，就會往前失衡的摔倒。

依據作用力反作用力的定律，因為有了把對手往右前方拉進來的力量，自己的手也會被對手往左前方被拉過去，利用這股力量，能夠向左前進。但是，因為全心留意想把對手拉過來的這件事，而雙腳會穩穩張開站著，無法採取任何動作。因此要把對手的手當成扶手一樣，一邊拉一邊往左前過去。

筆直衝過來的對手，會因這個動作，方向稍稍往（我方的）右偏過去。對此，自己要站在左前，而容易撞到的右半身也藉著扭轉而閃開，所以就會和對手的身體以些微間隙的擦身而過。

如此一來，就能完全轉到對手背部那一側。**在擦身而過時給予打擊**，或是從背部來攻擊，那麼對手就完全來不及防禦了。

⬆ 如圖一邊拉一邊往左前移動。左腳要向前，不可往左側跳開逃走。以些微間距擦身而過的往左前過去。

反擊

⬆ 用左手反擊。對手會一邊往箭頭的方向迴轉，身體一邊向斜前方摔倒。

151

請說明當被對方施以摔技時，能夠減輕對身體衝擊的倒地方法！

被摔後倒在地面上，依據作用力反作用力的定律，會有一股和打在地面的衝擊力一樣的力量，從地面再彈回身體。為了讓衝擊力減弱，只要反向思考，「避免讓很強的衝擊力發生的方法」就可以了。

衝擊力的衝量＝體重 × 撞到地面瞬間的速度

用這個公式來說明的話，減少衝擊力的方法有以下三個：

①避免將力加在頭部（腦）和軀幹（內臟）。

②讓接受衝擊的面積更大。

③讓接受衝擊的時間更長。

在柔道中，是用手臂或足部用力的打塌塌米。這就和太空船即將著陸的時候，會用「逆噴射」來減速一樣，**「讓手臂或腳逆噴射」，目的是讓頭部或軀幹落下的速度變小**。手臂或腳因為很強壯，所以能很用力的撞在塌塌米上。但仍要注意，絕不能頭部撞到塌塌米。

被用背負投等摔倒的時候，要讓身體一邊往前方迴轉一邊從背部落地。祕訣是要放鬆全身的力量，用背部來轉然後落地。因為**花了比較長的時間才和地面接觸，衝擊力的最大值就會減少**。另外，因為用較廣的接觸面積來接受衝擊，就不會在局部發生很大的壓力。

但是，如果地面上不是塌塌米或是墊子，而是水泥地的話，即使有採取防護措施也會有某種程度的損傷。

⤴ ①太空船急速的下降。

⤴ ②用逆噴射減速。

⤴ ③緩慢著陸。

⤴ ①被摔後快速的落下。

⤴ ②把手臂和足部向下「逆噴射」。避免頭撞到地板的把脖子彎曲（往自己的肚臍看即可）。

⤴ ③當作「逆噴射」的手臂和足部因為很強壯，所以碰到地板後就停止了。

⤴ ④之後就讓軀幹緩慢著地。

第6章

訓練・練習的科學

在表演時引人注目的手刀，是實戰能用的技巧嗎？

首先先說明有關手刀的部分。手刀是位於手掌的小指側，一個稱為小魚際的肌肉。小魚際在接近手腕的部分，是由手根骨組合而成，其中稱為**豌豆骨**的圓骨頭，稍稍突出在手掌側。這個部位，比起指關節，比較不容易造成疼痛或損傷，是能盡情的打的部位。

在K-1因為用拳套包住，所以手刀無法使用。先不管規則如何，如果沒有拳套的話，像反拳的一樣的迴轉打法，也同樣能使用手刀。

以手刀打擊會造成致命傷害的部位是頸部、側腹、鎖骨、眉間、手臂等。若打到在喉部流動的頸動脈，血壓會產生急速變化，腦部會缺氧而昏厥。若打到鎖骨某特定部位，也有骨折的可能。如果打到前臂或手腕，會因疼痛或麻痺而失去戰鬥力。

如此有威力，卻很少在空手的比賽中看到手刀打擊的理由之一——頸部的攻擊是被禁止的。另外，還有手刀打擊的**預備動作很大，很容易被看穿，容易被防禦。**

在打擊系的比賽中，一般是禁止抓的。如果沒有這個限制，可以抓住對手打過來的手臂、袖子或領子、頭髮。把對手拉過來時，同時會失去平衡，把對手逼到接近無抵抗、無防備的狀態。這樣的話，就能用手刀在想打的部位，盡情的打，威力很大。但要再次聲明的是，**比賽和實戰中有效的技法不同，這點請注意。**

手刀

⊙ 拉過來讓對手失衡，成為無法抵抗的狀態再用手刀打頸部。

⊙ 用手刀打前臂
或手腕，會讓對
手劇烈疼痛。

157

空手道選手為什麼能用手刀切斷啤酒瓶？

手刀一閃，啤酒瓶斷裂的瞬間，細長的瓶頸部位飛開，啤酒起泡同時被吹起的武術表演很有魄力吧！其實，啤酒瓶不是被切斷而是被敲斷的。換句話說，手刀是把力量下在酒瓶前端細長彎曲的部分，也就是右圖中在瓶頸根部附近的A處。容易被敲斷的酒瓶條件是以下三點：

①細的部分 l 很長，直徑 d 很小。

②瓶身接瓶頸的瓶肩部分不是斜的，而是突然變細的。

③瓶子裡要裝有液體（水或啤酒）或重的砂。

而手刀打擊的條件是：

④盡量的高速。

⑤不是以手上的肌肉施力，而是用靠近手腕的豌豆骨施力。

①和②是在構造上容易被折斷的形狀。特別細的瓶頸根部如果往內凹的話，就更完美了。③是因為瓶底如果沒有固定住，力量不容易傳達。放進鐵粉的話，會比砂子更有效果。

④和⑤是衝擊力瞬間變大的條件。力道緩慢的話，瓶子就會移動，力的最大值也無法變大。⑤是因豌豆骨很硬，所以手刀打擊時常用這個部位。

某位有名的空手道家，可以用手刀打破瓶肩部很斜的碑酒瓶。可能因為瓶肩部分的玻璃很薄，只要④和⑤的條件就很足夠了。這時，瓶子是不規則的斷面破裂，就能很清楚的了解到不是「用手刀切斷瓶子」的了吧！

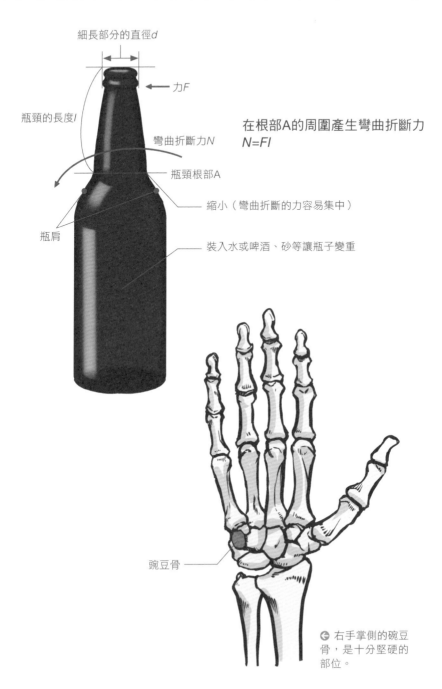

細長部分的直徑d

力F

在根部A的周圍產生彎曲折斷力
N=Fl

瓶頸的長度l

彎曲折斷力N

瓶頸根部A

縮小（彎曲折斷的力容易集中）

瓶肩

裝入水或啤酒、砂等讓瓶子變重

碗豆骨

◑ 右手掌側的碗豆
骨，是十分堅硬的
部位。

64 能讓沙包大大搖晃的拳擊，為什麼打在顏面卻不會有事呢？

在Q01和Q02曾說明，對衝擊力重要的，是表示瞬間的「尖銳」的最大值和表示「沉重」的衝量。另外也解說了，即使同一個人用相同形式打出拳擊，也會因目標的硬度或重量、固定的程度而衝擊力有所不同。

讓沙包搖動的是衝量，有以下的公式：

沙包的重量×動的速度＝衝量

衝量＝傳達到目標的運動量

沙包會以和衝量成正比的速度而搖晃。即使是低速打出的拳，但只要全身的運動量很大，衝量就會大，沙包也會大大的搖晃。

舉一個極端的例子，就是把手臂伸直往沙包打過去，將拳頭像推動沙包一樣地打，沙包會非常大弧度地搖晃。但是，這樣的拳頭即使打在顏面也完全沒效吧。為什麼呢？那是因為使用了如右下圖中，衝擊力曲線一開始很小的力來打。因此雖然顏面會動，但之後的力，也就是軀幹的運動量，不會傳達到目標上面。

對於像顏面一樣又輕又容易移動的目標，要用運動量能瞬間傳達的**拳頭和前臂**，盡量高速型的拳擊才有效。像是充分活用手肘的轉動，或是稍微有勾拳感覺的揮臂來打也可以。

想用正拳擊破懸掛在空中的板子，方法和擊破兩端有支撐的板子難度不同。懸掛的板子因為比顏面（頭部）更輕更容易動，所以用大大揮過來的勾拳打的話，拳頭的力量才能瞬間傳達過去。但拳頭握得太鬆會變成緩衝，板子只會飛遠，不會被打破。

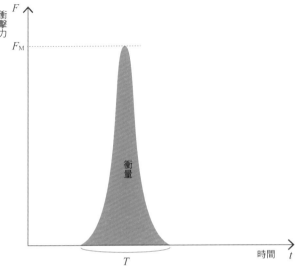

持續時間 T 很短，但產生了瞬間的最大值F_M的「尖銳的」拳擊。因為衝量很小，所以沙包的搖晃很小。

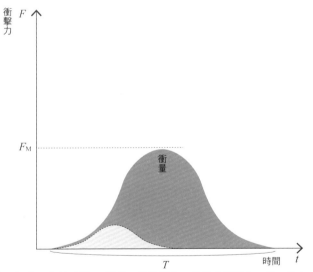

最大值F_M很小，持續時間 T 很長，衝量很大，只是「沉重的」拳。沙包會大大的搖晃。用相同形式打顏面的話，就成了像虛線一樣的沒有威力的拳。

65 對打時，還是體型大有利。真的嗎？

從幾乎所有的運動型格鬥技，都採用體重制一事來看就可以知道了，身體高大在基本上是有利的。這個理由是因為身體高大的話，力和能量 發生來源的肌肉量就很多，有以下二個事實存在：

①肌肉所能出的力是和其橫斷面積成正比。

②肌肉所能出的能量也和其體重成正比。

小個子的A選手（身高160cm、體重60kg）和這個體型1.1倍大的B選手（160×1.1＝176cm、體重60×1.1×1.1×1.1＝60×1.331≒80kg）比較看看吧。B的肌肉的橫切面積是A相同肌肉的1.1×1.1＝1.21倍，換句話說，B能出A的1.21倍的力。從正面互推的話，對B壓倒性的有利。身體被拳擊中的時候，對抗這個衝擊力的腹肌群的收縮力，B也有1.21倍。

詳細的計算就省略了，但是以相同招式出拳的話，拳擊的最終速度會變成一樣。不過B的手臂有A的1.33倍重，所以衝擊力的衝量，B也會變成A的1.33倍。

投技也是，A以1的能量去摔體重1.33倍的B，而B則正好相反的能以1.33倍能量去摔A，所以A絕對會被摔飛出去吧。

對A有利的點是快速。從靜止狀態開始，以相同的距離踏向前時，A比B縮短約5%的時間就能辦到。出拳所花費的時間，也會因拳伸出的距離較短，A能比B用短約10%的時間來出擊。但是，光只有這個程度的快速出擊，也補不回和B的力量差距。因此如果是不可攻擊要害的規則，理論上是高大的人有利。

例如用電梯載一樣重的物體，高速的電梯即使力一樣（物體的重量），但和速度成正比，能量也會增加。停止中的電梯，即使有支持裡面物體的力，能量也會變成零。

⬆ 一樣的技法，拳擊的最終速度是一樣的。但A選手出拳距離較短，可以縮短約5%的時間來出拳。衝擊力的衝量，B選手是A選手的1.33倍。

圖表　身高比和肌力的比，及肌力的能量或衝量的比

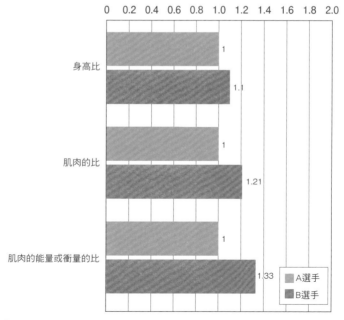

⬆ 只要身材身高大小不一樣，單純來說高大的人比較有利是事實。

「從肌肉訓練中練就的一身肌肉，對打時其實毫無幫助」，這種說法是真的嗎？

因為力和能量的發生來源是肌肉，所以肌肉量愈多愈能強力的動。肌肉的收縮力是和橫切面積成正比，而能量和其重量成正比。另外，脖子的肌肉或腹肌愈粗，顏面或身體會變得愈耐打。因此，藉由肌肉訓練而讓肌肉變粗（稱為肌肥大）是好事。肌肉貧弱的人，首先請做肌肉訓練。

讓肌肉變粗的最有效訓練，是健身（bodybuilding）。但是，想讓格鬥技變強的人，如果熱衷用這個方法來製造肌肉的話，就有「容易長出沒有幫助的肌肉」的陷阱。理由是：

①只動一個關節，使用的肌肉也是少數。

②動作緩慢。

③完全沒有用到肌肉的彈力。

格鬥技的動作，例如拳擊，從下半身開始動，按照軀幹、手臂的順序，關節和這些部位的肌肉，如果沒有配合好時機，並高速動作的話，就無法成為「尖銳」的拳擊。另外，在Q13的反擊直拳所說明的預備動作中，因為要先讓身體往反方向動，所以肌肉和肌腱被拉伸，緊接著就像彈簧一樣的強又快速的縮短。

也就是說，為了要打出強而有力的拳，高度的技術和適合這個技術的肌肉是必要的。即使是「踢」這個動作也是一樣。肌肉訓練和其他的技術練習都要足夠，同時持續鍛鍊瞬間爆發力，或彈力類型的肌肉訓練即可。

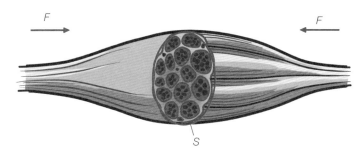

⬆ 肌肉的收縮力F，是和橫切面積S成正比，也就是說愈粗愈強。

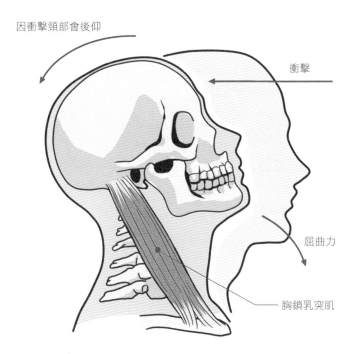

⬆ 對於往臉的正面打來的衝擊力，會用脖子前面的肌群（胸鎖乳突肌等）的屈曲力來對抗，以避免往後彎曲。因此，肌肉愈粗愈耐打。

165

背肌是最耐打的肌肉,真的嗎?

　　背肌又可稱為拳擊肌。根據經驗,能擊出重拳的拳擊手,上背肌肉都很發達。從很久以前,人們就認為這個肌肉能打出很強的拳,所以又稱之為打擊肌。

　　我解釋為,因為拳擊在擊中目標的瞬間,為了把軀幹的運動量傳到拳頭,得先固定支持手臂(肱骨)的肩胛骨,所以肩胛骨周邊的肌肉必須特別發達。但是這個想法,我覺得只是部分正確,近來運動生理學家暨空手道高手谷本道哉老師的說法是最有力的,所以在這裡為大家介紹。

　　擊出拳擊、來勢洶洶的手臂,在伸展到極限的瞬間,會像緊急剎車一樣的停下來。這個時候,不是擊出手臂的肌肉,而是拉回手臂的肌肉(擴背肌)被強迫伸展了。肌肉如果被強迫伸展,就會受到細微的損傷。拿啞鈴上下舉,放下時肌肉會被伸展的道理也是一樣。肌肉會因這樣的刺激而變粗壯。

　　也就是說,背部的肌肉,對出拳方面幾乎沒有作用。但是,能擊出重拳的拳擊手,拳擊愈是高速,為了停下來需要更大的力,在結果上,是被鍛鍊而變粗的。誤會這個情況,而總是以啞鈴運動等來鍛鍊肌肉的人,是無法成為重拳拳擊手的。

　　擊出拳時所使用的**三頭肌**、**三角肌**、**胸大肌**,還有為了讓腰旋轉、把肩部往前送所使用的**腳和軀幹的肌肉**,才是**真正的打擊肌**。換言之,就是要鍛鍊全身。

圖 擴背肌的位置

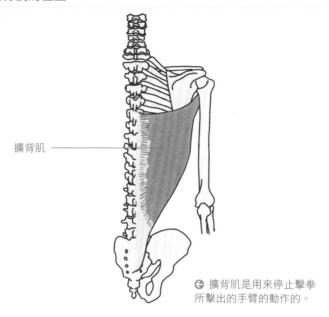

擴背肌 ————————

← 擴背肌是用來停止擊拳
所擊出的手臂的動作的。

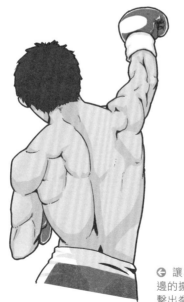

← 讓右直拳停止的是右
邊的擴背肌。用來讓快速
擊出拳的手臂緊急剎車。

已經照高手的說法訓練，為何往往不如預期效果？

依高手的說法為線索來練習的過程，可能會如以下所述。

①高手做正確動作。
②從該動作中產生心裡的感覺。
③高手將這個心裡的感覺傳達出來。
④聽到這些話後，推測高手心裡的感覺是怎樣的？
⑤探索由這個感覺所產生的動作。

反覆④和⑤。

⑥a或⑥b

⑥a（成功）：能做和高手一樣的動作。
⑥b（失敗）：完全做錯動作。

接下來，試著以正擊為具體例子來看看吧。

①高手的正確動作

使用雙腳的大肌群，讓腰（骨盤）迴轉，配合腰的迴轉，軀幹也扭轉（依流派不同，扭轉的方法有所差異）。因為肩幅比腰幅還要大很多，所以經由軀幹的迴轉，肩部能以相當快的速度往前移動。搭配肩部往前，抓住好時機，把手臂擊出去的話，就會變成高速的正擊了。

在我的研究中，讓擊出的手臂加速的能量，約3分之2是由肩膀的動作所產生的（肩膀的動作是第1段的出擊），剩下的3分之1是從擊出的手臂所產生的（第2段出擊）。換言之，正擊的能量的3分之2是來自雙腳和軀幹的肌群。

參照Q21的圖表2。

168

⬆ 空手道正擊的正確圖示。

◄ 在空手道的正擊時，如果只是一味的注意腰的迴轉，就會造成身體的上下動。上圖是正確的示範，下圖是錯誤的示範。

169

②自己心裡的感覺

因為只要按照①的原理，讓腰部順利的迴轉，就能擊出強力的正擊，所以會產生「腰的迴轉很重要」的這種感覺。

③高手把心裡的感覺用語言來表達

高手會把這些感覺用「正擊要用腰去擊出」等話來表達吧。

④⑤自己以這句話為線索，不斷找尋正確的動作

努力要「用腰去擊出」，讓腰以各種方式及動作迴轉，一邊將每次正擊完成的程度做比較，再不斷修正動作。

⑥a（成功）

產生和高手很像的心裡感覺，愈做愈接近高手的動作，會很有自信的告訴其他的人「正擊要用腰去擊出」。

⑥b（失敗）

忘了雙腳的動作，換句話說就是沒有使用雙腳的大肌群的力量，只注意去試各種腰的動作。另外，只注意腰附近的迴轉，沒有意到連帶著腰的軀幹迴轉，無法把肩膀很有力道的往前送。

因上可知，不只限於正擊，格鬥技的動作十分快速，且要動用全身的關節或肌肉，時機也要配合的相當準確，**就連高手都無法客觀地用言語來表達**。即使表達出來，但太過複雜就讓人無法了解，因此只說出最重點——正擊要用腰去擊出。

因此最好的方法是**請高手直接傳授正擊的動作，一邊對照高手所說的話，一邊看著學正擊的動作**。利用DVD等，對照高手的動作和所說的話，或是看鏡子一邊確認自己的動作。此外，如果有力學或解剖學的知識的話，因為能正確的解釋高手的話，所以能更快的了解。

⬅ 空手道的正擊，
雙腳和軀幹的大肌
群是威力的來源。

⬆ 空手道的中段正擊，如果腰有好好的迴轉的
話，對手就會被打飛。

⬆ 太過注意腰部的迴轉，
腳或擊出的手臂的動作和時
機沒搭配好的失敗例子。

171

可以用小腿踢斷冰柱及球棒的高手，他們是怎麼鍛練的呢？

少數選手，可用下段踢把幾根捆綁好的金屬球棒踢斷，或是一擊就把幾根大冰柱踢斷，我直接向他們詢問祕訣所在。他們表示，為了能確實踢斷以下三種訓練是必要的：

A. 蹲舉100kg以上的槓鈴。

B. 迴旋踢的技術。

C. 鍛鍊小腿。

A是為了訓練踢擊的肌肉威力，B是活用這個威力的來踢的技術，C是為了訓練小腿的衝擊力，方法如下：

①在小腿蓋上好幾條毛巾，用啤酒瓶「叩叩叩！」的敲打。

②習慣之後開始慢慢減少毛巾的數量。

③長期訓練下，即使沒有放毛巾敲小腿也不感覺痛。

④同樣的動作，用啤酒瓶敲小腿就能把瓶子敲破。

而這些選手的小腿，雖然乍見幾乎和普通人沒什麼兩樣。但其實在鍛鍊的過程中，也會因為太過用力敲打內出血，或是腫起來。他們經過這樣反覆的操練之後，據說小腿有鍛鍊的部位，**即使表面看起來一樣，但卻變得又硬又強壯，也不會感覺疼痛。**

同理，相撲的力士，會用頭擊把很粗的鐵砲柱撞得發出很大聲響。在反覆內出血的過程中，練出用頭撞胸，或是頭和頭互撞都無礙的堅硬頭骨。如果是一般人，額頭會撞破大出血吧。可知為了打造格鬥的身體，長期的努力是必要的啊！

⬆ 踢斷球棒或冰柱，是長年練習而打造出強韌的肉體才有可能的。
相片：須佐一心

總覺得體力不足，怎樣練都無法變成格鬥強者。該怎麼辦才好？

以下是進入著名的「全接觸空手道場」選手所說的話：剛進去第一天，入門生約有100人集合，當天就被困難的課程嚴厲訓練。累得快死後睡了一晚，早上醒來時身體幾乎無法動彈。以堅強的意志力拖著身體到達道場後，包含自己，只來了3個人。

道場就是這樣僅有幾個百分比的人被挑選出來的組織。而且不只是肌肉訓練，還有用棒子互打等的猛烈訓練，放棄的人不斷出現。說話的這個人雖然一度變得很強，但隨著年齡增長，無法再承受高強度的訓練，結果還是放棄了。

在這個道場能變強的，只有先天骨骼強壯，並且容易長肌肉、內臟機能好、回復力快的少數人而已。讀者如果沒有這樣的體質，對於想變強到某種程度以上一事，還是放棄比較好。

如果不管如何就是喜歡全接觸空手道的話，請找一個興趣等級的、可指導至「適度強」的道場。另一個選擇是，換成相對上來說比起體力，更以重視技術為主的其他格鬥技或傳統武術。

請試著思考，是想學習為了在比賽中勝利的技術得到好成績呢？還是只是單純的想一邊學習和規則無關的技法（例如防身術），一邊體會其中的樂趣呢？

但不管選哪一條路，都要有規律的生活、營養和睡眠、做伸展操等，對身體的照顧都也要十分注意。

圖表　身體的強度或能實行的訓練量

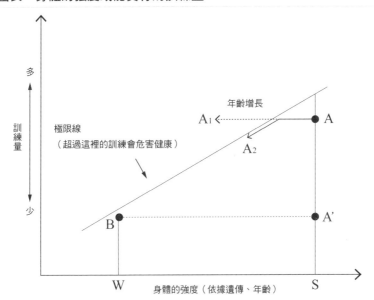

即使對於身體強的人S而言是輕鬆的訓練量A'，對身體弱的人W卻接近極限的嚴格訓練量B。身體強的人S也會隨著年齡增長而變得無法消化訓練量A。勉強繼續就會搞壞身體（A₁）。因此只好減少到A₂的訓練量。

空手道的「打木椿訓練」，真的會讓拳變強嗎？

不只限於拳頭，只要打擊目標發生了衝擊力，依據作用力反作用力的定律，就會有相同的力量反饋。擊打硬物使拳頭感覺痛，原因就是這個的反作用力。**打造出能耐受衝擊力的拳頭，不管對哪一種格鬥技都是必要條件。**

在拳頭上綁繃帶、使用拳套的拳擊手，只會打沙包練習，但不會擊打木椿。少林寺拳法因為是重視瞄準人體要害一事，所以頂多在木板上做拳頭伏地挺身，也不會擊打木椿。中國拳法的「鐵砂掌」，是用手掌、手背或指尖，去打裝了鐵砂的袋子，或是貫手插進裝了硬豆子的桶子中擊打，但也不使用木椿。

但依不同的空手道流派或師父，也有偶爾一整天都在擊打木椿這項練習的人。因擊打木椿，掌骨等手的骨頭會逐漸增厚，可能是骨質密度也因此增加而變得耐打。拳頭上會長出很厚的「木椿繭」，但那不是讓拳頭變硬，而是像軟墊一樣，分散加在拳頭的骨頭（掌骨前端）的力。

事實上，木椿擊打的真正目的如下。在Q17說明過的，空手道的擊是用「步足」快速的往前踏，讓全身的運動量透過空手的拳頭傳達到目標。為了如此，對於全身的姿勢、軀幹，包括拳頭的位置、手腕、手肘的角度、腋下的縮緊等，都要正確的去執行，瞬間就能產生「承受由目標反彈回來的反作用力」的肌力訓練是不可少的。因此木椿是為了這個訓練而打的，**並不只是為了強化拳頭本身而已。**

↑ 空手道的中段正擊是由全身的姿勢或很多的肌肉動員，來產生力量。

拳擊手的小跳躍是有意義的嗎？難道不就只是跳來跳去而已嗎？

拳擊比賽時，總是前後左右的跳來跳去，乍看好像只是要擾亂對手而已，其實這完全是誤解。這種小跳躍步法的功用是：

①空間（和對手的距離）的調整。

②姿勢（和對手的角度）的調整。

首先是①，對於打擊技，各自有和對手的適切空間。例如，距離太遠碰不到對手；或是即使距離能夠打到對手，卻因手臂伸直到極限，都會變得沒有威力。又例如對手身高比較高（拳打到目標的距離較長）時，是對手打出直拳的危險空間，有必要上前突破，**跳進自己容易打擊的空間。太遠的時候，也要以後退步快速的從危險的空間遠離**，以避免被攻擊。

做為②的例子，假設對手打右直拳過來。如果只是筆直的往下躲，就會被追打而遭到連續攻擊。一個作法是往左側的側步，一邊避開直拳的軌道，一邊把身體往左扭轉。以這個為預備動作，回擊左勾拳的話，就能從對手不利的角度來反擊。

膝蓋伸直，腳跟不著地的隨意亂跳步法，往上跳的時候其實沒什麼作用，只能在身體下沉的瞬間，做攻防的動作。但也容易因攻擊的規律被看穿而使對方有所防禦，或是在跳起的瞬間被對方跳進來的話，也很難應對。這時只要對方用足掃或下段踢，就會被輕鬆踢倒。

↑ 以側步閃躲對手的正拳，並同時攻擊。自己移動步伐後，體勢不會失衡，而對手空揮後變成不利的體勢，所以我方容易攻擊。

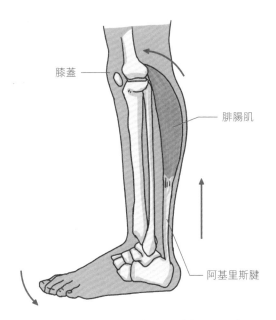

膝蓋

腓腸肌

阿基里斯腱

↑ 因為膝蓋伸直後，阿基里斯腱被拉長，變成腳尖站立的構造。所以要踮起腳跟，輕快的跳。

第7章　武器・實戰的科學

空手道中，不輕易向弟子公開的危險技法是什麼？

不只是空手道，對於古流的劍術等，也都常常這麼練習——手往上撥擋開對手的攻擊，用放置於腰部的拳頭來擊打。但這個招式，實戰時不太可能使用，練習的目的，只是要學會該武術的合理動作。

特別是空手道，只要將這個招式類似的動作稍微改變一下，就能變成實戰時通用的動作。這件事不輕易向弟子公開，是為了低調處理這個危險的通用法則。

對於拳擊的快速連擊兩拳，如果第一拳按招式用左手往上撥擋接拳後，在擊出右拳之前，無屏障的顏面會被第二拳打中。所以**實際上，接拳的左手（拳頭或是掌根）擋住對方後，就要直接攻擊對方顏面**。不是「接拳後再攻擊」的二個分開動作，而是「接拳的手就直接擊打出去」的一個連續動作，所以也能變成比對手的第2拳更快的反擊，讓對手畏懼，再擊打出強力的右拳攻擊。

另一個應用的例子，是用把來拳往上撥擋的左手，抓住頭髮或衣服，一邊拉靠近一邊擊出右拳。空手道的正擊，被認為用右拳擊出的時候，左拳後拉很重要。因此，一邊把用左手抓住對手，強迫式拉近一邊攻擊，就能使對方被拉住後往前傾，身體失去平衡。也就使對手失去了防禦力，變成有反擊效果、必殺的一擊。

也有像是把對手的拳頭旋轉一樣的，一邊往外側揮擋，一邊用手腕扣住對手手腕。或是用獨特的手勢來抓，讓對方第2拳打不出來，一邊破壞他身體重心的平衡，一邊拉靠近的方法。

⬆ 按招式用左手接下右刺拳後，被
第2拳的左直拳打中。

⬅ 在實戰中，要用接
拳的左手直接攻擊。

⬅ 一邊拉近一邊
出拳。即使不是
打身體，打顏面
也可以。

戴著拳套的拳擊比賽，跟徒手搏擊有什麼不一樣呢？

　　總是戴著拳套比賽的拳擊手，或是徒手對打（但不能打擊顏面）的全接觸空手道者，讓他們試著用徒手，並以對顏面出拳的規則來實戰練習，結果彼此把距離拉很遠，不太願意跳靠近，也不太想努力出拳。這個理由來自於兩個恐懼感。

　　一個是身為防禦的一方，對於顏面被打傷，或是牙齒被打斷的恐懼感。另一個是身為攻擊的一方，對於拳頭骨折，或是拳頭打到對手的牙齒而被咬傷有恐懼感。

　　人的拳頭和拳套大小不同，也有很大的影響。戴著拳套的手，舉到自己面前的話，基本上若使用拳套的拳來反擊，用拳套擋拳套，都不會輕易打中臉。但是**如果是徒手，小小的拳頭很輕易的就能穿過防守的手臂間隙，打到顏面**。

　　拳擊的防禦方法為：顏面被攻擊的話，就用手套去擋；身體被打的話，就用手肘或前臂去接。但是，**若徒手完全擊中防守的手臂，光只是這樣就會造成損傷**。請想像，用手臂擋下打木樁鍛鍊過的空手道正拳，只要一擊，手臂就報廢了吧。

　　因此古流的空手道，用前臂撥開來拳的防禦法，但用防守的方式直接擋是有道理的。反過來說，習慣徒手打鬥的空手道家，依使用拳套的規則和拳擊手比賽的話，因為情況差太大，會很明顯的陷入苦戰。當然，拳擊手如果也改成徒手，也無法發揮平常的實力。

以拳擊手的防守來接空手道的正拳的話,比拳套還小的拳頭會穿過手臂之間而打過來。

以拳擊的防守來接空手道的正拳的話,會受到傷害。

遇到拿刀的歹徒時，該怎麼對付他呢？

首先，看到刀子不驚慌保持冷靜，是必要條件。

接著，因為普通的格鬥技是以徒手為前提，所以面對拿著刀子的對手，是壓倒性的不利。因為即使是被輕輕刺到，也會受到極大的損傷。首先，要全力跑開逃走。用上衣或包包、腰帶往後打；如果在街上，請用空瓶或直立型的招牌等，順手抓到什麼就用什麼去丟，快點逃走。因為以空手去和擅長使用刀子的對手對立，簡直是自殺行為。

如果對手是外行人，像懸疑片一樣的往肚子筆直刺過來的時候，用下面的方法，或許能得救。把左腳往前以側身姿勢，兩手輕輕往前伸出去，用手掌護住臉，用手肘護住胸（特別是心臟）。**手掌朝著對手的話，手腕內側的血管很可能被割到，所以要以手背向著對方比較好**。對方看到這個姿勢，會覺得雙臂擋著顏面或脖子有所阻礙，就會往肚子攻擊吧。

之後，腳的位置保持不動，把左肩往前側身扭轉，讓腹部向著正面，看起來像容易攻擊的目標。再接著，考量之後的動作，請把重心放在右後方的右腳上。如此一來，就不是「被對手刺」，而是「讓對手刺」肚子，也就是說，**限定攻擊的種類**。

配合對手往肚子刺過來的動作，將身體往右扭轉，回到原來的側身，將重心移到位於左前的左腳，同時把護著臉的兩手放下來，**以右手抓住對手的手腕，左手以及前臂從外往內壓住對手的手肘**。到這裡，就能把對手手肘折斷，也能擰住他的胳膊按倒。

← 手掌向著對手的話，就有手腕的血管被割到的可能性。

→ 手背向著對手來護著顏面，用手肘保護胸（特別是心臟）。腹部往正面引誘對手攻擊。

↓ 右手由上而下抓住對方手腕，用左手還有前臂從外往內壓住對手的手肘。

違反當代比賽規則的傳統武術技巧，是否真的有威力呢？

　　在比賽中被認定為犯規而禁止使用的技法，是太過危險，而且對選手的生命有重大的影響，看起來也很殘酷而不被社會認同的技法。因此使用犯規技法的一方，**會成為壓倒性有利**一事是顯而易見的。反過來說，比賽中所允許的是比較安全，只能攻擊選手能鍛鍊的部位而已。

　　但傳統武術的技法，可以說都是為了有效擊倒對方而下工夫的「犯規技法」。在普通比賽中有效的技法如上段踢，如果被對手回以下陰踢攻擊的話，就不能盡情的使用。下陰不耐打一事，只要是男性，都很明白吧。

　　除此之外，很難鍛鍊的部位還有**眼、喉嚨、後頭部**，特別是**頸窩**等。請試驗性的用指尖輕輕的刺刺看喉嚨，特別是兩鎖骨之間的部位，會很不舒服。另外像壓住頸動脈，夾住喉嚨也會很痛苦。請再往脖子另外用手刀試著輕輕打看看，不只被打到的部位很痛苦，頭還會陣陣作響的搖晃。如果被以經過鍛鍊的貫手或手刀、或是以肘擊攻擊這些部位的話，的確會受到一擊必倒的損傷。

　　此外，用足刀從正面踢膝蓋把膝蓋，折斷的技法，或是攻擊下腹部，避開正中間的腹直肌，往橫側硬踢進去，就會形成很大的損傷。因為太過危險，所以不詳細說明。還是再提醒各位，能遵守規則的比賽，才是和平之道哦。

↑ 一邊擋下前踢一邊攻擊下陰，
就能讓對手往後摔的中國武術。

↑ 少林寺的反手打。

↑ 以這個姿勢被肘擊，
的確會一擊必倒。

↑ 雞嘴。打眼
睛、喉嚨等柔
軟的要害。

↑ 刀背。抓住
氣管。

↑ 貫手。用經過鍛鍊的
指尖來刺小的要害。

189

有沒有「一個打多個」的搏擊方法？

　　日本柔術家把柔術傳到巴西而後被發揚光大的格雷西柔術，曾被稱為是最強的格鬥技。這是周圍不出手，以一對一打鬥為前提的技法體系。一般的格鬥技，為了配合比賽形式，基本上是設定為一對一的，所以很難在人數多的情況中使用吧。

　　但在古流的武術，沒有比賽規則的限制，理所當然的有一對多人打的方法。大學道場請了某位太極拳的高手，被包含我在內的3位武術愛好者包圍一起攻擊。高手「咻！」的一聲來到我眼前，但突然不見蹤影，和我錯身而過，攻擊了我的要害。如果是沒有手下留情的實戰，可能因這一擊就倒地不起了。

　　這位高手，聽說曾經被數十個人包圍，在短時間內擊倒十多人後失去蹤影。我以這個體驗談為基本來解說。

　　首先，要掌握包圍住自己的對手位置，找到容易突破包圍的方向。然後，快速靠近在那個方向的對手，讓對手先出手再一擊擊倒他。另外，**要把這個對手的身體往位於下一個攻擊、形成阻礙的位置，以倒下去的對手身體為盾牌的話，就不會同時受到多個對手攻擊了。**

　　這雖然是高人才辦得到的事，但還是能稍微模仿。假設對手有兩個人，看得出一人和自己程度相同，但另一人較弱。一擊擊倒弱的一方，就有可能變成和強的那一方一對一對決了。如果沒有一擊讓對方倒下的自信，避開絕對會輸的打鬥是最明智的做法。

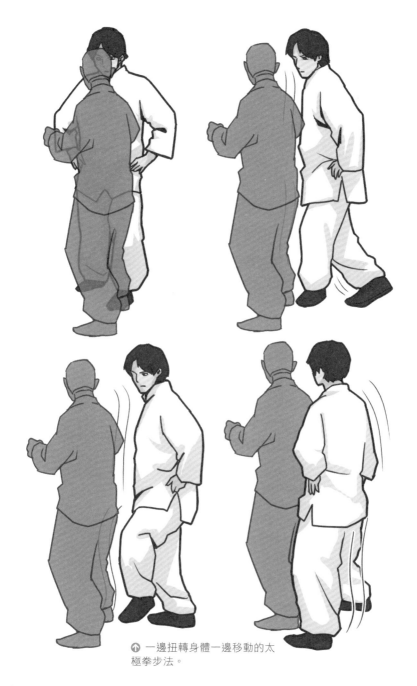

⬆ 一邊扭轉身體一邊移動的太極拳步法。

武術門外漢有可能打敗武術高手嗎？

　　門外漢和高手一樣空手的條件下，想贏是不可能的。但是，假設是小個子的競技空手道選手或拳擊手，和強壯的橄欖球選手對決，一般而言，打擊系的選手，即使能躲開拳擊或踢擊，但並不習慣躲避用頭直接衝撞過來的對手。此外，橄欖球選手，總是會抓著拿著球跑的對手，因此武術高手很有可能被窮追不捨。

　　接下來，雖然高手在被抓到之前發動了攻擊，但頂多也只有能打擊中1或2次的機會。橄欖球選手脖子很粗壯，很難對頭部給予大的衝擊，而且在興奮狀態下，不管是牙齒斷了或是流鼻血，都不會有痛感，也不會失去戰鬥意識。

　　至於扭抱在一起倒地後用的寢技，雙方都可說是門外漢，但有體力的橄欖球選手應該會贏吧（或許這方面不能稱橄欖球選手為門外漢吧）。

　　那麼，拿著刀子的門外漢，和拿著日本刀的劍術高手又是如何呢？當然，幾乎所有的情況都是高手贏，但是高手也會落入陷阱。「因為這麼做太危險，所以高手絕不會犯這種錯誤」這件理所當然的事，對什麼都不知道的門外漢來說，或許會出手而有致勝點。

　　例如，用徒手握住刀身，限制住高手的行動，再將另一手的刀子刺過來的話，高手或許就躲不掉了。也就是，高手反因「因為手會受重傷，所以不會有人徒手握刀身」這種疏忽，因此被趁機攻擊。

↑ 正眼的架式，在對手不怕受傷的情形下（例如因藥物中毒而失去正常的判斷能力的對手），刀子有被抓住的可能性。

← 高大的橄欖球選手，對小個子的拳擊手擒抱的話，是很難對付的。

← 從右開始的下段、脅構、八雙的架式，是劍不會被抓到的架式。

19 以簡單的武器對抗持刀者，勝算是多少呢？

如果有長30cm到40cm，重100g到200g左右的短棒是最理想的，但如果手邊有雜誌或說明書的話，捲成硬紙卷也可以取代棒子。因為紙張中含有木質纖維，所以捲成硬棒的話，就有接近棒子的威力。

無論短棒或紙捲，都能作為防禦工具，揮擋刺過來的刀子，而打臉（眼或鼻）或下陰的話，就能成為相當有威力的反擊。

只要趁機打擊靠近拿刀手腕附近的前臂，特別是拇指側的橈骨，就能瞬間讓對方手麻痺，讓刀子掉落地上。但是，這個打法有如同以下的祕訣。

握緊棒子敲打，威力並不會很大。而是要讓手腕保持柔軟，輕輕的握（圖①），像用鐵槌敲釘子一樣的往下揮。這樣棒子的速度會變得更快。習慣了這個動作以後，再練習不將棒子上下揮，而是**用手腕和前臂的扭轉，讓棒子直向的迴轉**（圖②）。

依以上的手腕使用方法，可以讓棒子的前端，通過前臂的外側或內側任一個順手的方向來揮動（圖③、②'）。因為只用握著棒子的手臂扭轉，所以對手很難注意到，而能快速的動。如此一來，棒子敲打到對方的瞬間，像是把拇指側擊出一樣的，一邊把**手腕往小指側用力的彎曲，一邊握緊棒子，棒子會急速加速，以高速擊中目標**（圖④）。如果一擊無法成功，可用相同的動作敲打好幾次。

如果刀子掉落後對手向前扭抱的話，我們可以牢牢握住棒子，從小指側稍稍突出來一小截，刺向對方的脖子或喉嚨，就能給予相當大的損害。

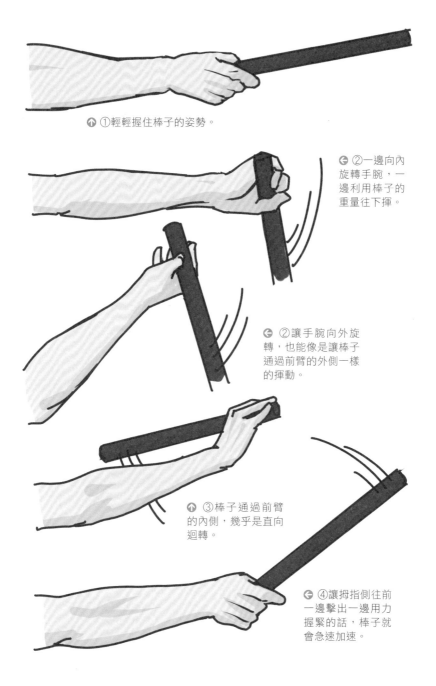

⬆ ①輕輕握住棒子的姿勢。

⬅ ②一邊向內旋轉手腕，一邊利用棒子的重量往下揮。

⬅ ②讓手腕向外旋轉，也能像是讓棒子通過前臂的外側一樣的揮動。

⬆ ③棒子通過前臂的內側，幾乎是直向迴轉。

⬅ ④讓拇指側往前一邊擊出一邊用力握緊的話，棒子就會急速加速。

80

曾聽過「劍道三倍段」這句話，劍道真的有這麼厲害嗎？

　　所謂「劍道三倍段」的意思是，空手無武器的諸武術，差不多要有三段的實力，才能對抗有武器的劍道初學者。武器是竹刀的話，普通的敲打不太會造成損傷，戰鬥力也不太高，但如果是使用很熟練的劍道家，拿著真劍，和空手對決，絕對是無敵的。在這裡，我們以武器是木刀的情形來思考吧。

　　三倍段的第一個理由是，木刀的衝擊力。只有空手道的上級者才能打破的石磚或磚塊，用木刀只要輕輕敲打就能輕易打破。換言之，**對於硬的目標，木刀能發生很大的衝擊力，威力極大**。

　　如果頭部、手臂（特別是手腕附近）、小腿、膝蓋等，沒有肌肉覆蓋的部位被木刀打中，會骨折而分出勝負。更何況肌肉很薄的脖子、心窩、肋骨下部被刺或被敲打，損傷都會很大。

　　另一個理由是，**因為持木刀和用手或腳運動路徑完全不同，動作幾乎無法被看穿**。木刀不像棒球的球棒或網球那樣大大的揮，而是巧妙的將全身的力傳達到雙手來操作。例如對手明明只是小小地移動，木刀卻突然往喉嚨攻擊過來。

　　在我的經驗中，熟練者的居合招式（跪坐抽刀殺敵，迅速入鞘），不管對望多久，什麼時候要拔劍，完全看不清楚，拔了之後的動作也幾乎看不見。等到發現的時候，真劍（比木刀重）已經停在眼前，令人背脊發涼、不寒而慄。即使是打擊系格鬥技的熟練者，只要對劍道不熟悉，想要看穿比真劍輕又好操作的木刀動作，應是很難的吧。

①對方擺這個架式的話，因為會被刺中，所以無法靠近。

②以為手臂稍稍往上抬……

④往下打過來。

③木刀一轉。

81

和木刀高手對打時，該採取什麼樣的對策？

對於木刀在自己前面時，一般人首先覺得困惑的是，和對手的距離很遠。但一前進到能打或踢的距離，木刀就飛過來了。僅管如此，在古流的劍術中，也有把刀往後的脇構。乍看無防備，所以就向前攻擊，結果木刀從頭，或往大腿之間攻過來。木刀熟練者，單手握著木刀能攻擊，雙手拿著能打得更遠。此外，就算第一擊被閃過，還能馬上接著攻擊。

最保險的做法，是自己試著練劍道（劍術），以身體記住來自木刀的攻擊法。如果能看懂揮著木刀的對手，如何使用身體或木刀的動作，或許即使是空手也能找到對付的方法。

請想想看從上段被筆直往頭部打的對應法吧。在劍術方面，是一邊把右腳往右前踏出，往刀的軌道的右邊閃，一邊像忍者一樣用右手以反手握住脇差後拔出，用脇差把打過來的刀，像滑過去一樣的接下來。只要習慣了這個動作，即使沒有脇差，也能用幾乎一樣的動作，在快被打中的時候閃躲過去，直接把刀奪下來。

這個技法的祕訣，是要等待對手覺得確實「已經打到頭部了！」的時機。如果太早開始動作，大動作的閃躲，馬上就會被對方修正木刀的軌道而失敗。

另一個對應法是，在多少會受傷的心理準備下，以肌肉較厚的肩膀或背部來承接木刀，然後就這樣直接扭抱在一起。但是，姑且不論現代劍法如何，古流的劍術家對扭打的技法也很強，所以不能就此放心。果然，還是「劍道三倍段」啊！

脇構，請參照Q78右下的插圖。

脇差，也稱脇指，短刀的一種，長度30cm～60cm，平常不使用，是主兵器損毀時才使用的備用武器。

🔄 從上段筆直打過
來的木刀，可以反
手拿脇差，在快被
打中的時候再接下
來。可鎖定對手的
脖子砍過去。

🔽 如果變這樣的話，就
奪取木刀，也能攻擊。

🔼 即使沒有脇差也能以同樣動作閃避。

199

據說比起空手道或中國拳法，全接觸空手道或泰拳的迴旋踢比較強？

這是某一位中國拳法修行者的感嘆。「我們這一派的踢法，大多是把膝蓋伸直接踢出去，但為什麼沒有威力呢？」另外，請一位即使沒有穿防具，被人用膝蓋轉的方式動踢中也無損傷的高手，為了安全起見，請他穿上薄的防具和踢拳手（踢拳是泰拳的日本版）對戰，卻被中段就倒了。實際上，在我的測定中，也是踢拳手的下段踢的衝擊力，比用木製球棒用力打（最大約840kgw）更強（約1,200kgw）的結果。

我也覺得就踢的衝擊力而言，泰拳是最高級的。但是泰拳的踢，在實戰中無法稱之為是「最強」的。理由是因為泰拳有規則的限制，而中國拳法或空手道（古流）沒有。

空手道的前踢，首先是瞄準下陰，因此。會讓大腿之間變成空空的沒防備的上段踢，變得十分容易被襲擊了。中國拳法也有把對手抓住，一邊讓對手往前傾，一邊從下往上踢顏面。這時把腳跟舉到頭上，能使下踢爆發很大的運動量。

空手道或中國拳法，在抓住對手讓他失去重心等的攻防中，用腳跟去踏對手膝蓋般的踢，或是用膝蓋從側邊或後面踢對手膝蓋——「讓膝蓋無力」般的進攻。因踢的角度不同，膝蓋關節會比下段踢受到更嚴重的損傷。但泰拳的迴旋踢，就有很多規則上的限制了。

第
七
章
武
器
‧
實
戰
的
科
學

◐ 會陷入側腹的中
段踢，泰拳的迴旋踢
膝蓋會踢到底的動，
小腿全體像棒子一樣
的動。小腿中央附近
踢中的話，小腿或大
腿的運動量也會傳達
過去，變成重踢。

◐ 空手道的踢因為
會往下陰瞄準踢過
來，所以如果不小心
踢了上段踢，就會讓
大腿之間變成空空的
無防備而被攻擊。

若全接觸空手道和泰拳的迴旋踢確實較強，在實戰上也真的有效果嗎？

　　熟練者快速又強力的迴旋踢，在單純的打擊技對戰場合，或是對手不習慣打擊技的時候是非常有效的。

　　迴旋踢鍛鍊過的小腿骨（脛骨），如果用前臂笨拙的去擋，很容易就會骨折。即使是和對手很靠近的距離，上段踢也會突然飛過來。因為被自己的身體或上臂遮住視野，而不容易察覺，從正面吃上一腳，就會被一踢就倒了。如果是正面被下段踢踢到的話，超過棒子敲打的衝擊力，會讓腳無法動彈。中段踢也可用和膝頂相似的招式，用小腿中央附近來踢中的方式，衝量非常大，會像用棒子重重毆打一樣的深深吃進身體裡吧。

　　雖然如此，這個迴旋踢，依實戰的狀況，不免會有弱點。具體的說，就是服裝和對打的場所。

　　對迴旋踢來說，柔軟的股關節動作是不可少的。穿著緊身的牛仔褲，口袋裡塞著皮夾或鑰匙的話，擅長的上段踢動作就會被限制，踢的腳不能舉高，或是平常的速度出不來，威力就會減弱吧。

　　另外，對打的場所，如果以飲食店的店內為例的話，即使想踢迴旋踢，也會因周圍擺放的椅子、桌子而成為阻礙。另外像是在狹窄的走廊，對手身體靠在（自己的）右邊，就無法踢右腳了。**如果逃到角落去，不管哪一腳都變得很難踢了。**

　　此外，不只是迴旋踢，如果地面或地板很容易滑倒，就會因擔心跌倒而無法盡情的踢了。格鬥技的華麗踢擊，也要在擂台這種容易動作的空間，和有立足之地的情況下才能盡善盡美。

⊃ 把腳像180度打開一樣的
上段踢，即使從和對手很靠
近的位置開始踢出去，也能
成為強力的武器。

◔ 在狹窄的飲食店內、
走廊、角落等，很難踢
迴旋踢。

在K-1大賽中，迴旋踢可以用手腕來防禦。別的武術則該怎麼辦呢？

　　不只是迴旋踢，只要是在踢過來的力量最大時接下的話，就是最糟糕的時機點。要注意，膝蓋關節不要伸展超過180度以上。使用膝蓋轉動的踢，要在快受到衝擊前，膝蓋自體的動作就要完全停止。因此，**只要比膝蓋所朝著的方向稍稍偏離一點，腳就踢不到了。**即使是像泰拳般全體迴旋過來的踢，只要往對方膝蓋動作方向不同的地方逃，踢的腳的衝勁就會減弱而踢不中。

　　在K-1迴旋踢的對應法，是按照前述的原理，等腳的勁力減弱才用手臂去擋。在這點的應用上，偶爾會看到**有抱住速度減慢的腳，再把對手的軸足絆倒**的場面。雖然嚴格來說是犯規不會得分，但從客觀的角度來看，像是沒有威力的踢被抓住然後被摔倒。

　　接下來介紹實戰情形。在沒有規則的實戰中，被擊倒就會立即分出勝負。也是**以移動到讓腳踢不到，或是即使踢到，腳的勁力也會減弱的位置為基本。**抱住踢過來的腳之後，像右頁的插圖一樣的用手刀打脖子等，給予傷害後，把對方摔倒。摔的途中還可以加進打擊技。因為這個場合完全無法防禦，所以會造成很大的損傷。

　　下頁的插圖，也是一邊移動到對手很難踢到的位置，再一邊**用手肘去擋踢過來的膝蓋。這樣就絕對踢不中了。一邊把失去勁力的腳打掉，一邊再用往前踏出的前腳膝蓋踢中對方的軸足**，用如同相撲的切返（用膝蓋內側貼在對手的膝蓋外側，把對手往側後方扭倒）一樣的往後絆倒。這個時候也可看對手姿勢如何，加進下陰的掌根打也可以。

→ 避開踢來的腳，
往本書頁紙張的後方
的方向移動後，抱住
勁力變弱的腳，用手
刀打脖子。

← 就這樣把對方
摔倒也可以。

在這些實戰的狀況中，還能**引導對手從後頭部落地**。對手因這之前的技擊技而意識不清，而且下面如果是水泥地或是石磚的話，會受到性命攸關的損害吧。

右頁上方的插圖，是要折斷軸足的膝蓋一樣的，**改變壓膝蓋的角度**，或是用像是要把抓住的腳的膝蓋折斷一樣的招式，一邊折一邊摔倒對方的技法。

對於迴旋踢，有比讓膝蓋伸到極限的地方，更安全的逃避場所。那就是像右頁下的插圖，**面對上段踢，可沉身到對方軸足附近**。因為踢腳時，是以軸足為中心來迴轉的，所以即使被靠近迴轉軸而沒有速度的大腿踢中，也完全不會受到傷害。

直接正面面對，筆直的跳向前去是有勇無謀的應戰方法。不管什麼派別的迴旋踢，都是以衝擊力十足的膝蓋，往對方正面踢出。因此筆直的衝過去，就會被這個膝蓋撞個正著。因此，要先把上半身往右扭轉，變成完全的側身，**一邊避免正面衝突，一邊像右下圖一樣的跳進去**。

也要注意，如何避免被對方膝蓋踢到不耐打的後頭部，方法是手肘彎曲一邊防護後頭部，一邊用手肘往對手的下腹部擊打。因為被充滿勁力的手肘打到了，對手會受到很大的損傷，還會像是往後方飛一樣的倒下。

另外，這些只是能正確看穿踢擊的時機的人才能成立的技法。如果亂抓踢過來的腳，就會嚐到反擊迴旋踢的恐怖了。

⊙ 對於避開踢來的腳，側身往對手另一腳的空間移動後，用手肘擋住對方的大腿。

⊙ 對於上段踢，可以一邊沉身一邊前進，避免被踢來的腳的膝蓋撞到，再一邊把身體向右扭轉一邊前進。利用兼作防守用的左臂手肘撞擊對手的下腹部，讓對手倒下。

合氣道和太極拳看起來就像在跳舞，原理是什麼？

因為合氣道或太極拳的動作優雅，為了美容和健康而學習的女性也很多，才會產生這樣的疑問吧。從結論來說的話，若不考量實戰一事，只是重覆合氣道基本的招式或太極拳的「套路」（一連串的身體動作）的表面動作的話，不管經過幾年也不會變強吧。

不過，如果在熟知這些動作師父門下好好修行的話，也有可能變成具有驚人程度的格鬥實力者吧。以下就是我的親身經驗！

在某一個練習會長年練習「武術性合氣道」的人，用右手抓住我的右手腕，往我自己的胸推過來壓著。我自認為「差不多了」，就試著用關節技來反擊，但卻沒辦法掙脫，也沒辦法反擒拿對方，右手被貼在胸前的狀態下，一動也不能動。這可能是對反擊所需要的體捌被他只用右手就封鎖住了吧。

合氣道的創始者植芝盛平先生，曾以空手簡單的就把拳擊日本冠軍Piston堀口的直拳一把抓住，其得意門生鹽田剛三，因為在瞬間將美國重要人士健壯的保鑣壓制住一事而知名。

曾聽人說過好幾次這樣的事，擅長上段踢的人，想要以「一擊KO」的方式來挑戰太極拳的師父，但等回過神來才發現自己被KO了，就連到底是怎麼被擊倒的都完全不清楚。不管是合氣道或是太極拳，都是以和拿著武器的對手打鬥的「無規則」原則下，努力修練習得的強大武術。但是，想要變強，必需要在真正有功夫的師父門下長年認真修行才有可能。

① 被抓住手腕推壓過來的話……

② 立刻讓手腕掙脫。

③ 或是反擒拿對手的手腕，就能反擊。

一般傳統武術其堅強的祕訣在哪裡？

　　格鬥技運動，是在有禁止技等規則的基礎上所建構的。但另一方面，傳統武術是為了能對應拿著利刃的對手，或是有一對多的時候，以完全沒有禁止技的條件下被研究出來的。如前所述不管是哪一種格鬥技，只要使用屬於該類別的「犯規技」的話，就會變得非常有利。如果試著想像柔道只允許其中一方用打擊技，或是拳擊只允許其中一方用摔投技的場合，就能明白了。

　　傳統武術另一個很大的特徵是，不光只是提高肌力或速度，和格鬥技運動「**在身體使用方法上本質不同**」一事。因為要詳細說明並不簡單，所以要舉一個例子的話，就以和柔道在質的不同的「破勢」要素來說明。

　　柔道的破勢，是在對手身上加上各個方向的力，讓他失去平衡。即使對手明白這一點，但因為力道很強，或是突然改變方向，所以來不及對應就失去重心。但是，**傳統武術的破勢，是怎麼被破壞平衡而失去重心的**，完全讓人摸不著頭緒。

　　例如一位受過柔道訓練的選手的人，和一位小個子的傳統武術師父互相推肩，不知為什麼，完全沒有推到師父，就莫名其妙的身體搖晃，等到回過神後才發現被推倒了，或是吃了一拳。即使有鍛鍊過的肌力或爆發力，也完全被封鎖住了。

　　這是我自身的體驗，用力抓住某位高齡的師父的手腕，師父沒有用掙脫技也沒有用反擒拿技，只是把手咻的一聲往上，只覺得抓著他手腕的手受到「很大的力量」，就被往後摔飛出去了。但是師父冷冷的說「我剛動完手術，沒有力。」這就是日本傳統武術的破勢。

⬆ 抓住手腕的時候,已經被破勢而失去重心了。

⬅ 被往後摔飛出去。

一般人都會想學最強的格鬥技巧，最強的格鬥技是哪一種呢？

　　在我孩提時代，最強的英雄是姿三四郎。三四郎是明治時代講道館的柔道達人，是以西鄉四郎為範本打造的小說主人翁，好幾次被拍成電影。三四郎打贏了美國人認為最強格鬥技的拳擊，也贏了被描寫為一擊必死的空手道。後來，以極真會館的創立者大山倍達為主人翁的漫畫《空手傻瓜一代》成為熱潮，幾乎所有的日本人都認為空手道，也就是極真空手道才是最強的格鬥技。在那之後，接下來是全接觸空手道、泰拳等**打擊系格鬥技被認為是最強的時代**。

　　我雖然也曾提倡過「大相撲最強論」，但對於把禁止摔投、抓、頭擊等「有規則」的「格鬥技運動當成最強的來崇拜一事」曾提出質疑，這是我的真心話。另外，也強調過，相撲並不是最強的，而是就體格和素質而言，力士是很強的。

　　因為前橫綱的曙在K-1沒有打贏，所以大眾對大相撲最強論充滿批判。但是依據「有規則的K-1」的這一點，使用相同理論的話，K-1的選手若遵從相撲的規則，至少是以力士所能用的相撲技法的規則為基準來對打的話，除非打贏了曙或白鵬，否則絕對不能說K-1比大相撲強。

　　話說回來，1970年代，美國「功夫」這部的電視連續劇掀起熱潮，只用拳頭打鬥的格鬥技不是最強的風潮廣為流傳。因為創作這部連續劇的原案的李小龍，在「龍爭虎鬥」等幾部電影中，展現出華麗踢技的威力。使用拳打加腳踢的中國功夫格鬥技是最強的這個神話，似乎持續了好久。

　　顛覆這個觀念的，是把從日本傳來的柔術再發揚光大的格雷西柔術代表的Rickson Gracie。**不只是打擊系，就連纏鬥技系的選手，也像陷入泥沼般的被用寢技壓制，接二連三的得到勝利，給予格鬥技界很大的衝擊。**一時之間「格雷西柔術才是最強的」的聲浪高漲，但是面對柔道出身的吉田秀彥等對手時，又稱不上是完全勝出。

　　如此回顧歷史之後，也無法確定最強格鬥技是哪一種。即使是在沒有規則的情況下，實戰時打鬥的狀況也是千差萬別。可以說因狀況不同而最強格鬥技也不同吧。

　　例如，即使用格雷西柔術把一個人用寢技壓制住，但如果對手有同伴的話，就會被攻擊。以空手為前提的格鬥技，和拿著利刃的對手會陷入苦戰吧。實際逮捕拿著刀子的犯人時，聽說有柔道經驗的警察，常常被刺中會成為致命傷的腹部，有空手道經驗的警察，也有被傷到手腳的。如果是劍道熟練者揮著警棍的話，應該就能輕易的門外漢手中的利刃打掉吧……。

　　另外，如果是像戰國時代穿著鎧甲的武者一樣，身穿美式足球護具的對手，打擊技就幾乎無效。即使把對方摔在地，但地面如果是自然的草原，那損傷就很小吧。在這種場合中，因為古流的柔術裡有用攻擊手腕或手肘的關節技，將對手抱住壓倒，用單手完全壓住，另一手拿短刀割脖子的技法，在此時好像能夠應用。

　　但是，如果對手穿著普通的衣服的話，也有傳授更簡單、不用傷害到對手的逮捕技術的派別。說得直截了當一點，如果只是要贏，槍是最強的。在擁有搶械是不合法的和平日本或台灣，不用追求夢幻的最強格鬥技，建議只要選適合自己的喜好或體格的格鬥技就好。

第七章　武器‧實戰的科學

213

相撲是只穿相撲褲上場的格鬥，若選手們穿上衣服實戰的話，有可以利用抓住衣服攻擊的技巧嗎？

相撲比賽中抓住相撲褲的那一方，不管是摔或推都絕對有利。即使不是相撲褲，抓住褲腰帶或上衣也有一樣效果。因為抓住衣服的技法和柔道的共通點很多，所以在這裡介紹相撲特有的技法。

在和對手相撞的前一刻，例如伸出左手「前褲」（相撲褲前面的部分，如右頁上圖）。這個時候，只有伸出手臂的話，因為身體會前傾像游泳一樣，被打中的話就會往前跌倒。所以常說「要用腳來抓褲」，也就是如果往前踏的距離夠的話，手自然就抓得到相撲褲。

用左手抓住前褲後，立即拉近，左手再伸到對手的右腰上。當然也有稍稍往上抬的感覺，讓對手的身體稍微懸空即可。這時對手的右腳股關節和膝關節也會伸到極限，這就像短跑時能中途再加速的跑步法，相當於高速檔。速度快但力量弱是特徵，如此一來，對手的前進力就會變弱。

而自己的腰要彎（股關節屈曲），膝蓋也要彎。就像是短跑起跑的瞬間姿勢，**往後方用力踢地面來加速時的步法**，相當於低速檔。

如果是高大的對手，把頭頂在他的胸或下巴下面，防止對手把後仰的上半身回到前傾的姿勢。剩下的右手，例如用筈押（**張開虎口，除了拇指的4指伸直來推**），把手掌向上，推抬對手的胸或腋下。接著把手肘貼在側腹固定，切記不是用手臂，是用腰力推的話，就能產生很大的力。如果有這個技術，不管和什麼對手互推都不容易輸。

抓住前褌拉靠近，讓對手的腳稍往上抬，自己的腳再加速靠過去。

用右手的筈押把對手的身體抬起靠過來。

第8章 **氣**的科學

請說明親身被高手的「氣」攻擊的經驗！

　　只是表面上模仿傳統武術的架式，以此和拳擊手對決的話，無法跟上步法，不但達不到攻擊的效果，顏面反而會連中好幾拳吧。但是如果是和高手「過招」的話，根據我的經驗，的確會發生物力學也難以說明的不可思議現象！

　　面對中國武術家的伊藤真一師父，我最初是以「不要用氣」的條件，用拳擊自由的連續攻擊。當時拳擊被躲開或是被擋開，是和有經驗的格鬥選手對打有一樣的感覺。接下來請伊藤師父開始「用氣」，在我想要打的時候，他的顏面有所防備，我也知道他準備要閃開，但不知為什麼卻打在顏面以外的空間了。

　　新體道的青木宏之師父，在弟子蘊釀「氣」的時候，能夠感覺到，只是扭轉一下身體，就脫離被瞄準的範圍。弟子無法鎖定目標，也無法打出放在腰間的拳頭，就只能一直繞著青木師父轉圈圈。

　　陳式太極拳的池田秀幸師父，對同時也是全接觸空手道的某位高手級弟子說「請用你喜歡的方式攻擊」後，就快步靠近。弟子想踢出腳的瞬間，師父「咻！」的一聲伸出腳尖，壓制住踢出的腳，妨礙弟子踢的動作。如果他有心的話，還能攻擊下陰或下腹給予傷害吧。弟子即使想出拳，也不知為什麼擊不出去，雙臂被壓制住了。

　　和我對打的時候，他說「如果是吉福先生的話，這樣就夠了。」於是把兩手放在身後交叉著，完全無防備的走過來。這時候我如果擊拳出去應該能打中，但我卻沒有機會出拳，就這樣他靠近我，迅速把我壓制住。因為師父在經過我的出拳的空間時，讀到我要出拳的「氣」，只是稍稍移動一下，就脫離我鎖定目標的範

圍,讓我無法擊中。

　　最後是空手道家宇城憲治師父的例子,在某個電視節目中,我正欣賞到他以武術示範表演。宇城師父一邊輕輕擊出戴著拳套的手,一邊讓職業拳擊手自由的打。師父只用貼在地上的腳稍稍移動,幾乎沒有接拳也沒有擋拳。而拳擊手特有的猛烈拳擊連續出拳,卻全部都揮空。

　　拳擊手只說「打不中啊!」露出不可思議的臉。這個畫面從旁邊的攝影機所拍到的影像來看,發現距離太遠,剛開始是從師父顏面之前開始打的,但後來拳擊手的空間感好像完全被擾亂了。

　　接下來宇城師父一邊走向前一邊輕輕的打,拳擊手瞬間就被逼到道場的角落。不要說反擊了,就連師父咻咻打來的拳,拳擊手似乎都完全看不到。

　　以上4位師父的技法是對是錯我並不了解,但不管哪一位師父都承認「氣」的存在,這點是很清楚明白的,所以**實際上應該是能在對手發動攻擊動作之前,搶先「讀出攻擊的氣」**。

　　人類在動作之前,會讓大腦皮質的聯合區下指令,這個指令經由神經傳導到開始動作大約要花0.3秒。隨著這之間的腦活動,一起出現了「氣」。在動作開始之前,一般認為有被人察覺的可能性,但是詳細情形還是一個謎。有關「氣」,將在下一個問題中再進行討論。

90 傳統武術說的「氣」,真的存在嗎?

一邊感覺自己體內「氣的流動」一邊施技的話,太極拳就能打得很好。例如手腕被抓的時候,一邊從自己的手臂「把氣流到」對手的手臂肩膀附近,一邊推回去,對手就會無法抵抗的往後搖晃。

關於這樣的事實,一般認為有4種可能性。

①「氣」不存在,但以為「氣在流動」,所以有加分效果。

②「氣」存在,而且藉由這個「氣」的作用,讓動作變得更強力而精妙。

③「氣」存在,而且藉由把「氣」傳達到對手一事,讓對手產生和本人意志不同的動作。

④藉由「氣」自體的物理性作用,讓對手身體搖晃。

①是基於認為「氣」是單純的主觀意識,客觀上來說是不存在的立場。②是即使認同「氣」的存在,但只是自己內部的現象,對他人或外界沒有影響的解釋。但是實際上,根據由氣功師所發的「氣」,對生物帶來影響的研究報告也很多。

有關「氣」的存在,我也有如以下所述的體驗,在距離數公尺的地方,觀看中國少林武術家們的武術表演時,在他們做擊拳或踢腳等攻擊動作的時候,像是有冰冷又銳利的「氣」的波動,傳到我身上。

還有,在醫療氣功的師父的武術表演中,隨著手臂慢慢動的動作,感覺到柔和舒適的「氣」的波動,不只是我,連坐在旁邊的大學教授也完全有相同感覺。

就這樣，也因其他人產生些微的感覺而了解「氣」的存在，那麼像③這樣的，能夠誘發和個人意志不同的動作嗎？以下也是我的體驗之一。

在西野流氣功法師父的道場，要做「提高對氣的感度的練習」，先放輕鬆站著，接著師父就以雙手擊出的動作對我發出「氣」。我被這個「氣」壓著，搖搖晃晃地一直走到道場的另一邊，撞到舖有墊子的牆壁，然後再往原來的方向走回去。

通過師父旁邊的時候，感覺好像身體突然被往側邊拉一樣的，方向大大地改變。巧的是，在當時拍的照片中，離2～3公尺的師父正在做好像向我招手的動作一般。

從這些的體驗中，我被「氣」誘發了一些動作是事實。當時，我也能自行停止這些動作，但某些人的這個師父的「氣」感度很高，會在沒有自我意志下被推飛出去。

因為這位師父並不是武術家，所以我不認為能用「氣」的力將突然襲擊過來的暴徒推飛出去，但是並不能斷言沒有這樣的武術家的可能。因此，目前無法證實的，並不是可能性③，而是沒有明顯證據的④。

之前提過的池田秀幸師父，在輕輕互相摩擦手掌幾次後，讓「氣」集中，結果變得像暖暖包一樣的熱。在我的測定中，手掌的溫度從35.7度急升到42度以上（超過測定器的範圍無法測定）。一般人用全力摩擦手掌幾十次，溫度上升也只能在0.2度以下。師父的前臂和身體「集中氣」的話，就是用木刀或鐵槌打他，也不會有大礙。因此，「氣」有著很大的未知的可能性！

索　引

《 參 考 文 獻 》

《最強格鬥技泰拳》	望月昇／著（愛隆堂，1989年）
《被隱藏的空手道》	檜垣源之助／著（CHAMP，2005年）
《格鬥技技的大事典》	BASEBALL MAGAZINE／編（BASEBALL MAGAZINE社，2006年）
《佐川幸義大師傳大東流合氣的真實》	高橋賢／著（福昌堂，2007年）
《開始吧！少林寺拳法》	BASEBALL MAGAZINE／編（BASEBALL MAGAZINE社，2009年）
《變強的捷徑用力學來解開格鬥技》	谷本道哉／著、荒川裕志／共同著作（BASEBALL MAGAZINE社，2009年）
《拳擊》	（新星出版社）
《柔道》	（新星出版社）
《格鬥技「奧義」的科學》	吉福康郎／著（講談社，1995年）
《武術「奧義」的科學》	吉福康郎／著（講談社，2010年）
DVD『無形塾太極拳實戰理論使用太極拳！』	（BAB JAPAN）

台灣廣廈 國際出版集團
Taiwan Mansion International Group

國家圖書館出版品預行編目（CIP）資料

以小搏大，格鬥技全圖解【暢銷全新封面版】：防身、
健身、看懂比賽這本就夠用！/吉福康郎作；胡汶廷
譯. -- 初版. -- 新北市；紙印良品, 2019.01
　面；　公分. --（微知識；4）
　ISBN 978-986-130-413-7（平裝）
　1.武術

528.97　　　　　　　　　　　　　　107018367

紙印良品

以小搏大，格鬥技全圖解【暢銷全新封面版】
防身、健身、看懂比賽這本就夠用！

作　　　者／吉福康郎	編輯中心編輯長／張秀環
譯　　　者／胡汶廷	封面設計／何偉凱
	製版・印刷・裝訂／東豪・弼聖・秉成

行企研發中心總監／陳冠蒨　　　線上學習中心總監／陳冠蒨
媒體公關組／陳柔彣　　　　　　數位營運組／顏佑婷
綜合業務組／何欣穎　　　　　　企製開發組／江季珊、張哲剛

發　行　人／江媛珍
法 律 顧 問／第一國際法律事務所 余淑杏律師・北辰著作權事務所 蕭雄淋律師
出　　　版／台灣廣廈有聲圖書有限公司
　　　　　　地址：新北市235中和區中山路二段359巷7號2樓
　　　　　　電話：（886）2-2225-5777・傳真：（886）2-2225-8052

代理印務・全球總經銷／知遠文化事業有限公司
　　　　　　地址：新北市222深坑區北深路三段155巷25號5樓
　　　　　　電話：（886）2-2664-8800・傳真：（886）2-2664-8801
郵 政 劃 撥／劃撥帳號：18836722
　　　　　　劃撥戶名：知遠文化事業有限公司（※單次購書金額未達1000元，請另付70元郵資。）

■出版日期：2019年01月　　　　■初版6刷：2024年07月
ISBN：978-986-130-413-7